大运河文化旅游发展规划研究

德州篇

司文涛 著

中国社会科学出版社

图书在版编目（CIP）数据

大运河文化旅游发展规划研究. 德州篇/司文涛著.
—北京：中国社会科学出版社，2022.8
ISBN 978-7-5227-0873-7

Ⅰ.①大… Ⅱ.①司… Ⅲ.①大运河—旅游文化—旅游业发展—研究—德州 Ⅳ.①F592.7

中国版本图书馆 CIP 数据核字（2022）第 171833 号

出 版 人	赵剑英
责任编辑	戴玉龙
责任校对	王品一
责任印制	王　超

出　　版	中国社会科学出版社
社　　址	北京鼓楼西大街甲 158 号
邮　　编	100720
网　　址	http：//www.csspw.cn
发 行 部	010-84083685
门 市 部	010-84029450
经　　销	新华书店及其他书店
印　　刷	北京明恒达印务有限公司
装　　订	廊坊市广阳区广增装订厂
版　　次	2022 年 8 月第 1 版
印　　次	2022 年 8 月第 1 次印刷
开　　本	710×1000　1/16
印　　张	13.75
插　　页	2
字　　数	151 千字
定　　价	98.00 元

凡购买中国社会科学出版社图书，如有质量问题请与本社营销中心联系调换
电话：010-84083683
版权所有　侵权必究

前　言

　　大运河是中国古代几千年的历史长河中最伟大的浩瀚工程之一，她历经数千年、跨越数千公里，是由不同时代、不同民族，克服千难万险、共同协作完成的开天壮举。京杭大运河北起北京市，南到杭州市，经过京、津两市和浙、苏、鲁、冀四省，贯穿海河、黄河、淮河、长江以及钱塘江五大水系，长度大约为1797公里。在漫长的历史时空中，中华民族用智慧和汗水，为人类贡献了卓越的运河水利航运工程技术，孕育了一座座有深厚文化底蕴的名城古镇。

　　德州是一个因运河而生、因漕运而兴的城市。京杭大运河进入德州后流经夏津、武城、德城两县一区，全长127.8公里。大运河德州段是由南运河、卫运河两个部分组成。四女寺水利枢纽节制闸向南至河北境内是卫运河，德州境内区段长度82.8公里。自四女寺枢纽节制闸开始一直往北到天津段称南运河，德州境内到德城区第三店区段长度45公里。作为京杭大运河漕运重要驿站码头，千百年来德州漫长的发展历程，构成荡气回肠的历史画卷。这幅画卷将透迤的运河、林立的船帆、喧嚣的码头、成片的粮仓等一幅幅场景和智慧的能工巧匠、勤劳的纤夫河工、四方的文人墨客等一群群人物凝聚在一块，凝聚成德州人民不畏艰难、生生不息、与时俱进、协同创新、海纳百川、忠义诚信的大运河精神。

在中国特色社会主义新时代，京杭大运河文化建设迎来发展的春天，目前已经列入国家战略规划，相继出台了《大运河文化保护传承利用规划纲要》《大运河国家文化公园建设保护规划》。规划要求立足新的伟大时代，强化大运河文化精神内涵的挖掘、继承和发扬，让中国大运河文化展现出永久魅力和时代风采。当前从通州、苏州到杭州等沿运河各地，纷纷以大运河文化带建设为命题，在生态、经济、文化以及旅游的层面，立意打造传承悠久文明的"历史文脉"，缔造生态文明的"生态水脉"，融合多种业态的"经济动脉"，彰显发展动力的"发展主脉"。根据国家关于大运河文化建设的部署，山东省出台了山东省大运河文化保护传承利用实施规划（鲁政办字〔2020〕44号）。从战略发展方向上明确规划要将大运河建设成具有文化交流互鉴、文化保护展示、生态文明建设、文化旅游融合等功能的先行区、核心区、引领区、示范区。德州是京杭大运河自北京向南进入山东段的第一个区段。由于大运河德州段原真性的禀赋特点，被赋予了"尊重古运河原始自然风貌，建设运河自然风貌展示区"的差异化发展命题。

大运河德州段的文化建设起步较早。2015年2月，德州市政府在大运河沿线城市率先发布《关于进一步加强大运河（德州段）遗产保护管理和开发利用的通知》（德政办字〔2015〕6号）。《通知》主要依据"大运河山东省德州段遗产保护规划"，以规划建设"美丽德州，生态运河"

为总基调，确定南运河德州段保护利用的工作思路是"一线三段一点"。此规划以德州码头、仓储建筑群、南运河弯道、四女寺枢纽船闸、苏禄王墓等运河文化遗产为重要依托，以建设生态运河、文化运河及科技运河为目标，同时积极推进德州市大运河世界文化遗产公园项目建设。2021年，德州市进一步加强了大运河保护发展工作力度，成立了市县（区）两级"大运河保护利用指挥部"，实行专班推进、挂牌督战，从而开启德州大运河保护利用工作新的一页。

利用是最好的保护，发展是最好的传承。发展文化旅游产业是大运河保护利用和发展传承最基本的定位。在目前国家大运河主题公园建设的大背景下，做好德州大运河文化旅游产业的发展规划研究，对于运河沿线城市文化旅游发展具有一定的代表性。本书就是立足大运河德州段文化旅游发展，对如何进一步利用好大运河文化遗产、释放大运河文化效应、培育大运河文化旅游、建设大运河历史文化名城，进行一定的分析研究。具体研究分为两个层面：一是大运河德州段宏观层面。主要通过梳理全市的文化旅游资源，呈现德州文化旅游的总体特征，从而对全市文化旅游发展进行发展方向和布局的基本判断。二是大运河主城区核心层面。这是本书的核心，首先立足现有运河文化遗存以及文化旅游发展有效资源，进行梳理、挖掘和策划，提出保护、传承和发展的路径措施；其次，面对上位发展规划、横向发展态势，统筹谋划文化旅游发展的定位、目标、布局、项目。本书旨在基于全国上下建设大运河主题文化公园的背景下，探索如何以大运河为基准坐标，以大运河城市发展为载体，统筹发展文化和旅游产业，复兴大运河文化精神，建设大运河历史文化城市，进而提供一定的借鉴和参考。

目 录

第一章 大运河德州段历史文化基础分析 ………… 1

    第一节　历史沿革基本情况……………… 1
    第二节　历史文化主要特征……………… 4
    第三节　黄河文化资源……………………… 7
    第四节　运河文化资源……………………… 8
    第五节　北厂漕仓文化资源……………… 10
    第六节　运河水工文化资源……………… 11
    第七节　苏禄王墓文化资源……………… 13
    第八节　古城文化资源…………………… 15
    第九节　董子文化资源…………………… 16
    第十节　非物质文化遗产资源…………… 19

第二章 大运河德州段文化旅游发展基础分析 ………… 25

    第一节　经济社会发展状况……………… 25
    第二节　文化事业发展状况……………… 26
    第三节　文化产业发展状况……………… 28
    第四节　旅游产业发展状况……………… 31
    第五节　主要业态发展状况……………… 37

第三章 大运河德州段文化旅游背景分析 …… 42

第一节 运河文化是文化旅游发展的核心主题 …… 42

第二节 国家发展战略是文化旅游发展的
历史机遇 …… 45

第三节 上位规划是文化旅游发展的基本遵循 …… 50

第四节 可持续发展是文化旅游发展的
核心要义 …… 53

第四章 大运河德州段文化旅游发展总体思路 …… 61

第一节 大运河保护利用和发展的总体原则 …… 63

第二节 文化旅游发展的战略定位 …… 70

第三节 大运河文化旅游发展的实施路径 …… 74

第四节 大运河文化旅游发展的主要目标 …… 84

第五章 大运河德州段文化旅游发展规划布局 …… 91

第一节 空间格局"一核""三极"总体创意 …… 91

第二节 "一核"——打造主城区文化旅游
发展核心 …… 93

第三节 "三极"——构建南、北、西三极
支撑片区 …… 95

第四节 文化旅游发展重点区域和属性分析 …… 99

第五节 大运河核心区段规划空间要素分析 …… 100

第六节 核心区段"两轴、三区、百驿"
发展创意 …… 101

第六章　大运河德州段文化旅游基本工程 …………… 111

第一节　大运河文物保护利用工程 …………… 111
第二节　历史文化记忆恢复建设工程 …………… 114
第三节　水上旅游廊道建设工程 …………… 115
第四节　大运河文化博览建设工程 …………… 116
第五节　大运河文化创意集市建设工程 …………… 117
第六节　运河旅游民宿集聚区建设工程 …………… 119
第七节　大运河美食文化街区建设工程 …………… 120

第七章　大运河德州段文化旅游发展示范项目 ……… 122

第一节　北厂漕仓文化公园建设项目 …………… 122
第二节　运河仓储建筑群文化中心建设
　　　　提升项目 …………… 125
第三节　老电厂文化创意基地规划建设项目 …… 129
第四节　运河民俗文化村规划建设项目 …………… 131
第五节　东盟文化产业园区规划建设项目 …… 133
第六节　小锅市运河聚落建设提升项目 …………… 137
第七节　大运河文化演艺发展工程项目 …………… 139
第八节　大运河线上直播发展工程项目 …………… 141

第八章　大运河德州核心区段文化旅游创新工程 …… 143

第一节　大运河核心区段风貌建设创新工程 …… 143
第二节　九龙湾文化旅游片区创新发展工程 …… 149
第三节　大运河核心区段场景式节庆活动
　　　　创新工程 …………… 153

第四节　运河核心区段研学旅游创新发展工程 … 159

第九章　大运河德州段文化旅游重点项目策划 ……… 163
　　第一节　天衢新区董子园风景区建设提升项目 … 163
　　第二节　德州运河主题文化旅游景区 ……… 171
　　第三节　武城四女寺风景区整体提升项目 …… 177
　　第四节　夏津黄河故道生态文化旅游综合体 …… 180
　　第五节　乐陵千年枣林红色文化旅游区 ……… 184
　　第六节　齐河黄河国际生态城 ………………… 187
　　第七节　宁津德百杂技蟋蟀谷 ………………… 195

第十章　大运河德州段文化旅游发展组织保障 ……… 201
　　第一节　推行城市、企业、产品文化品牌战略 … 201
　　第二节　培育引导正确健康文化旅游消费理念 … 203
　　第三节　探索建立金融支持文化旅游发展机制 … 204
　　第四节　培育建设文化旅游发展人才支撑体系 … 206
　　第五节　健全大运河文化旅游产业发展
　　　　　　运营体系 ……………………………… 208
　　第六节　出台支持大运河文化旅游发展
　　　　　　政策措施 ……………………………… 209

第一章　大运河德州段历史文化基础分析

德州是黄河、大运河交相融汇之地。如果说黄河赐予了德州广袤的冲积平原和悠久的农耕文明，那么大运河则孕育了德州这座繁华的城市和繁荣的商业文明。宋金和明清时期，大运河对于德州的影响最为深刻，可以说没有大运河就没有德州的发展和繁荣。因此，研究大运河德州段文化旅游的规划发展，首先要了解德州与大运河的关系，追溯德州与大运河共生共存的渊源，了解德州与大运河千百年来积淀形成的历史文化基础条件。

第一节　历史沿革基本情况

早在距今4500多年的龙山文化时期，就有人类在德州定居生活。后羿射日、嫦娥奔月、大禹治水的故事就发生在这儿。据《尚书·禹贡》载，德州属兖州。在夏、商时期，境内为有穷氏、有鬲氏两个方国。从西周、春秋至战国时期先为齐国，后分属齐国、赵国。到秦时期德州开始设置鬲县（今德城区南），隶属于济北郡。德州之名源于"德水"。秦始皇认为水德祥瑞，便于公元前221年改古黄河为"德水"。到汉代德州属青州平原郡,取"德水安澜之意",称为安德县(今陵城区)。后来隋朝实施罢郡设州政策,公元589年将平原郡改为德州,治所在安德县(今陵城区)。当时"德州"之名首次出现,辖区包括现在的山东、河北一带9个县。唐时改平原郡为德州,治所在安德县(今陵城区)[①],德州的政治、军事地位进一步提高。

表1-1　　　　　　　　　　德州发展历史

发展阶段	概况
金朝时期	(1)先有北厂街,再有德州城。金天会七年(1129年),金政府在德州城北1.5公里左右的地方,设立漕运仓储将陵仓,逐渐形成一个码头与村镇; (2)此时县治所设置在陵县
元朝时期	(1)元三年(1266年),改将陵仓为陵州仓; (2)元宪宗二年(1252年),德州行政地位由此提高,将陵县为陵州,带动周边城市相继发展; (3)陵县升为陵州,州治所仍设在陵州
明朝时期	(1)洪武七年(1374年),"德陵互易"; (2)洪武九年(1376年)至永乐十三年(1415年),将守御千户所改为德州卫,修筑砖城,设官署,增设德州左卫,置马驿、水驿、于元陵州仓故址建广积仓,即德州水次仓; (3)德州成为当时华北地区一大军事重镇
清朝时期	(1)德州设满洲营,城内外设有民市——德州最繁华的商业中心,一在北厂街,二在桥口街; (2)德州城内有庙、寺、观、庵、祠、宫、楼、坛、驿等70多处,大小牌坊50多座,官署衙门72所
民国时期	(1)宣统三年(1911年)津浦铁路建成后,改变德州传统运河交通运输方式; (2)受铁路发展影响,漕运制度结束于20世纪30年代,德州商业区逐渐转至喧哗角,较大的商号多集中在南门

资料来源:作者自制。

德州在北宋、金时期分属河北、山东等建制。元朝时期仍然设德州,治所在现在的德州市陵城区,而现在的德

---

① 田玉茂、史好泉:《山东文化通览·德州卷》,山东人民出版社2012年版。

第一章 大运河德州段历史文化基础分析 | 3

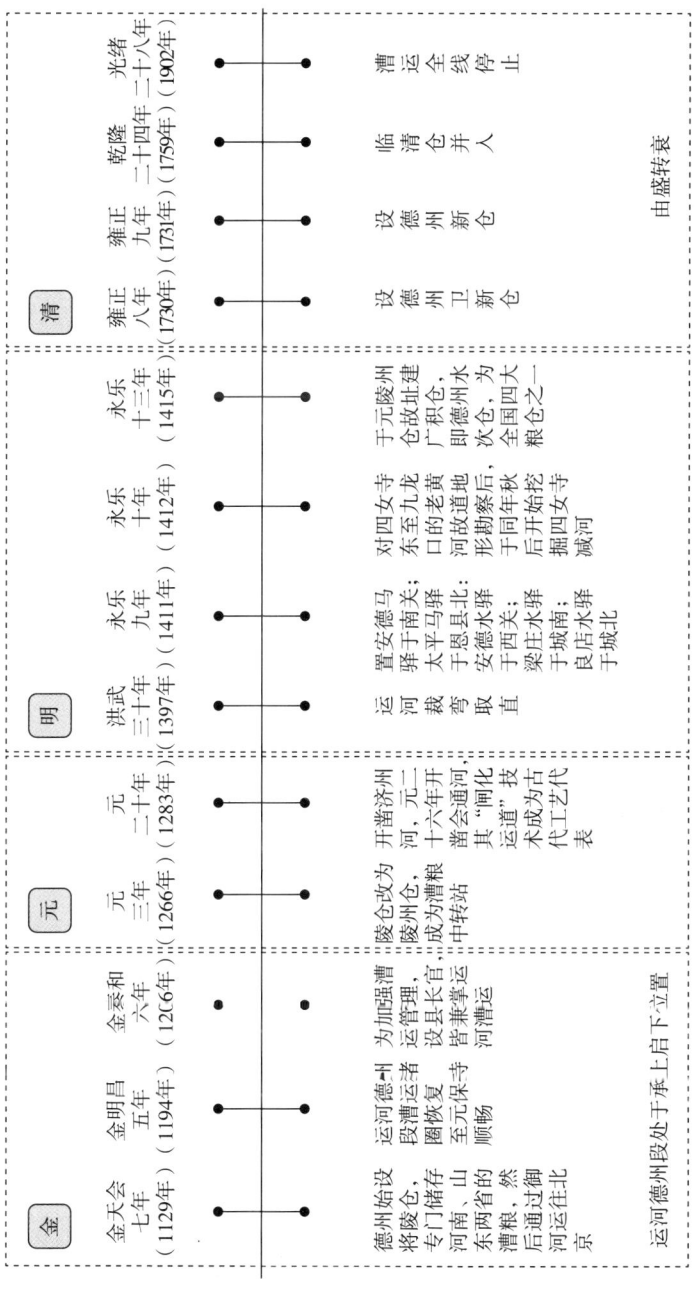

图1-1 大运河德州段历史沿革

资料来源：作者自绘。

城区先后称为将陵县、陵县、陵州。到明朝时期德州治所开始迁移到现在的德城区。明洪武七年,也就是公元1374年,升陵县为州称作德州,同时也将安德县合并入德州,州治也从现在的陵城区移到现在的德城区。而同时将原治所废止的安德县复置县,称陵县,史称"德陵互易"。

到清朝时期德州分属山东、直隶的济南府、武定府、天津府、河间府等。1912年德州改为德县,属济南道。中华人民共和国成立后,德州先后设立德州专区、德州地区。1994年12月17日,德州改设为地级德州市,原德县改成德城区。目前德州市辖两区两市七县和两个经济开发区。德州市现总面积为1.03万平方公里,人口数为579万①。

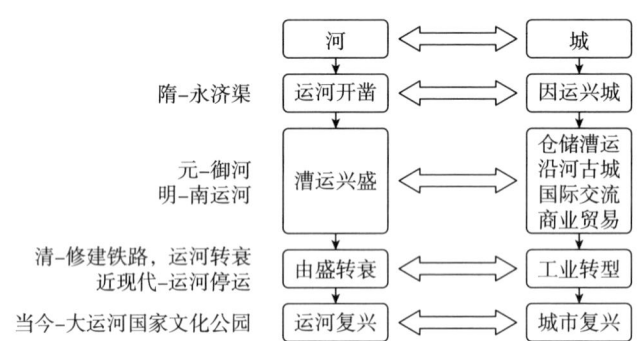

图1-2 由河到城的演变路径

资料来源:作者自绘。

第二节 历史文化主要特征

德州历史悠久,"鬲(lì)"成为德州古老文明的象

---

① 孔祥龙:《康熙〈德州志〉述要》,《中国地方志》2016年第6期。

征。上古时期德州先民们"有鬲氏"就在这儿繁衍生息。古鬲国在德州（鬲津河流域）绵延了1000多年。据有关文献记载，德州先民"有鬲氏"发明了一种煮饭的陶制器具，三足中空，叫作"鬲（lì）"。鬲的发明开启了从明火烤炙为主到蒸煮为主的饮食时代。因此鬲成为饮食文化的象征，亦为大国重器鼎的前身。在青铜器时代，作为蒸煮器具的鬲已经不仅仅是一种生活用具，而是随着时代的演进逐步变成祭祀用的神器、礼器。"鬲"已经成为中华民族远古文明的活化石，成为传承、发展中华文明的一个重要载体[①]。

德州的主要文化特征可以简单总结为"一人、两河、三国"。"一人"是指德州文化的灵魂人物董仲舒。董仲舒是西汉时期广川人，广川就是现在的德州、衡水一带。董仲舒少年时期在德州读书十三年，留下了"三年不窥园"的美谈。后来董仲舒向汉武帝建言"独尊儒术""大一统"等，为儒家学说的发扬光大做出了巨大贡献，被尊称为"董子"。后人为纪念董仲舒，建有董子读书台，文人墨客、显官达贵竞相膜拜，董子文化逐步成为德州主流文化，深深影响了德州一代代文化人。明清时代，德州科举出现井喷现象，创出了一榜五进士、一榜四进士各一次、一榜三进十六次、一榜二进十五次的奇迹。一批世家大族应运而生，出现了卢家、田家、北李家等一门八进士、一门六进士、一门五进士的名门望族、书香门第；其中卢荫溥、谢升等的文识威震一时。"人文飙起、名卿蝉联、实甲山

---

① 石兴邦：《一部研究古代鬲文化的开山力作——〈鬲和鬲文化〉评介》，《北京大学学报》（哲学社会科学版）2012年第1期。

左"，成为德州从明中期到清中期三百多年的文化兴盛期的真实写照[①]。可以说以董子文化为代表的儒家文化铸造了德州文化的灵魂，以董仲舒为代表的儒家传人挺起了德州文化的脊梁。

"两河"主要是说德州的母亲河黄河与大运河。几千年来，黄河断断续续流经德州六百多年，积淀了深厚的黄河冲积平原，缔造了德州灿烂的农业文明[②]。位于夏津县的黄河故道古桑树群落，作为黄河文明的活化石，被联合国授予"全球重要的农业文化遗产"。而位于齐河县黄河展宽区的黄河生态城，则是黄河赐予德州的现代文明。"运河"自从隋朝凿空以来，德州成为运河漕运重要的码头驿站[③]，是运河赋予了德州繁荣的商业文明，明清时期德州跻身全国重要的33个工商城市。可以认为，黄河与大运河的文化要素已经融入德州的文化发展基因。

"三国"主要是说德州历史上位处齐鲁赵三国交汇地带。春秋战国时期，德州位于齐、鲁、赵三国交界之处，这里控三齐之肩背，为河朔之咽喉，历来为兵家必争之地，成为南北经贸往来、文化融合的要地。由于地缘的便利以及南北融合的原因，德州既有齐鲁的儒雅风韵又有燕赵的侠义，形成了朴实、重义、包容、尚信的人文品质。明清时期运河漕运达到鼎盛时期，由于运河漕运的高度发达，作为位处交通要冲的德州有着"九达天衢、神京门户"的

---

① 梁国楹：《董仲舒学术研讨会综述》，《济南大学学报》（社会科学版）2017年第5期。

② 江林昌、李笑笑：《黄河改道与中华早期文明的形成》，《民俗研究》2021年第6期。

③ 岳广燕：《明代运河沿线的水马驿站》，《聊城大学学报》（社会科学版）2010年第2期。

美誉。各种人流、物流、商脉、文脉在此激烈碰撞、融汇滋养，积淀形成了德州多元、包容的深厚文化底蕴。

第三节 黄河文化资源

德州与黄河的渊远流长，一方面德州是黄河冲积平原，另一方面黄河目前河道仍然流经德州的齐河县。因此德州有着极为丰富的黄河文化资源。

黄河汤汤，是为德水。"大禹治水"所指的"水"就是古黄河。自古以来人们为了生存都选择了择水而居，因而黄河流域在历史上长时期占据着中国的政治、经济、文化中心，黄河流域被誉为中华文化的摇篮，因而黄河也被称为中华民族的母亲河。黄河自秦时期改称为"德水"，德州也因此而得名[①]。据史料研究表明，自先秦时期黄河就流经德州，以后又经历了6次影响较大的改道、无数次的决口泛滥，历经数千年冲击而成了丰沃的德州大平原，孕育了德州丰富的物产和悠久的农耕文明。清朝咸丰时期（1855年），黄河在河南兰考铜瓦厢决口，经大清河东流入海，形成了现在的黄河河道形态。黄河现行河道，由聊城市东阿县进入德州市齐河县潘庄险工，至济南市泺口险工，在德州境内黄河北岸形成78公里的生态廊道[②]。

"禹疏九河、其五在德"，德州是大禹治水功成之地。据旧志记载，4000多年前，大禹曾在德州修筑具丘山，在

[①] 曹文堂：《德州的由来》，《中国地名》2019年第3期。
[②] 德州黄河河务局：《德州黄河志（1986—2005）》，黄河水利出版社2013年版。

山上观望水势。唐朝时期，人们为纪念大禹在具丘山遗址建有禹王亭，并将所在的县邑定名为禹城县，到1993年撤县改市。禹王亭历经明、清多次建设，到1996年形成现在的规模建制。目前禹王亭公园建有禹王亭、禹王殿、东西配殿、殿门、山门等，具丘山遗址上建有八角重檐双排柱亭，名禹王亭。

第四节　运河文化资源

中国大运河最早始于春秋时期，较大规模贯通形成于隋代，唐宋时期得到较大发展。到了元代进行了较大规模的改道取直，明清时期经过疏通达到鼎盛时期。隋大业元年（605年），隋炀帝开挖大运河之时，以河南洛阳为中心，向南分别为邗沟、江南河、通济渠三段，到杭州里程达到1400公里；从洛阳向北叫永济渠，到北京里程达到1000公里。大运河流经德州的区段，其在汉代称为"屯氏河"。因此德州段的"隋运河"就是当时利用屯氏河修浚而成。德州段运河自隋朝开凿以来就一直通航，元朝至元十九年（1282年）开通会通河、通惠河后，改称京杭大运河。

金、元时期大运河德州段已成为沟通中国南方和北方经贸发展的大动脉，先后在德州设置"将陵仓"和"陵州仓"。时年漕运量可达到每年335.1万余石。明及清早期漕运量达400万—600万石，德州已然成为当时中国的天下粮仓。当时的德州水次仓辖69个州县，年吞吐量位居运河各港口之首。当时的德州运河河道里，常常有"舳舻首尾相衔，密次若鳞甲"的景象。与此相呼应的德州码头已然形成各种专业的商贸市场。有道是"工商繁荣，客商云集，货物山集，交易繁盛"。彼时的德州"官于斯、商于斯、幕游于斯、侨寓于斯"，城内城外各色人等集聚。清代乾隆皇帝南巡先后20多次驻跸德州，并建有"德州行宫"。清朝咸丰时期（1855年）黄河决口改道，运河遭到了较为严重地破坏。到清朝光绪时期（1902年）漕运全线停止了通航[1]。

目前大运河德州段水利工程体系基本完好，并且承担着行洪、调水和排涝的重要功能。从南运河四女寺水利枢纽到德城区第三店村运河段的河道基本上保持了原真状态，是数千里京杭大运河沿线各地原生态面貌保持最好、山东境内最古老的隋运河河段。大运河的开凿、贯通为运河流域营造了得天独厚的生活和生产环境，是域内经济社会文化发展的重要支撑。

德州市在运河全线更是有着一定的特殊地位。南运河德州段有五个显著特点：一是在京杭大运河全线保留了原真性、原生态的河道风貌；二是南运河德州段在大运河山东段中属于开挖时间最早、历经年代最长、文化积淀最厚的区段；三是重要的漕运仓储地位和繁荣的商贸文化；四是生活着源于运河文化的600多年古苏禄国东王的守灵部落——苏禄王墓及其守陵村落；五是有着被誉为中国北方都江堰的优秀水工文化——四女寺水利枢纽。同济大学教授阮仪三曾表示，京杭大运河德州段是当前保存最好、最

---

[1] 俞孔坚、李迪华、李伟：《京杭大运河的完全价值观》，《地理科学进展》2008年第2期。

原真状态的古运河。WCCO（世界运河历史文化城市合作组织）也表示，德州南运河段是京杭大运河非常重要的组成部分。南运河德州段的历史价值、文化价值、水工价值对于开展大运河历史文化研究、文化遗产保护等方面具有不可忽视的现实意义。

第五节 北厂漕仓文化资源

北厂漕仓遗址是大运河漕运、河道变迁等一系列发展的重要历史见证。历史上北场漕仓叫作北仓，又叫德州仓、德州水次仓。漕仓始建于金代。据乾隆时期《德州志》的记载：公元1129年，在北厂（今德城区二屯镇北厂村）置将陵仓。公元1266年，将陵仓升级为陵州仓。到明洪武九年（1376年），将元陵州仓建造成为大型军用粮仓，建文元年（1399年）德州都督韩观在德州城北建筑十二连城专门保护粮仓。永乐年间（1441年）又修建了广积仓和常丰仓。其中广积仓主要承担着淮、徐、临等水次仓转运漕粮的任务，而常丰仓主要承担地方官吏军队以及其他开销所用粮米的储存。

德州北厂漕仓规模庞大，广积仓共有80连800间库房；常丰仓亦有20连200间库房。每连都有编号，每仓都有一个正门，正门东面有栅门。广积仓在正门内设有殿堂朝房，这是管理粮仓的官吏办公的区域，殿堂后边就是粮仓。粮仓的后面也建有祭祀的地方，而常丰仓设在广积仓的北面。公元1431年开始实行兑运法后，南方的漕粮可以直达京城，德州广积仓的地位有所下降。这一时期，经过德州北厂漕仓每年转运的漕粮仍然达三百万石以上。公元1430年又增设了德州、常盈两个粮仓，用来储存山东、河南两省的漕粮。正统年间（1449年）又将建在北厂的德州常丰仓和广积仓移于城内①。

第六节　运河水工文化资源

德州河流有着较为完整健全的系统。纵贯德州境内的京杭大运河河段，自南向北分为"卫运河"和"南运河"两个河段。河段的南段部分从河北省馆陶县徐万仓漳河与卫河的汇合点到德州境内四女寺的河段叫作"卫运河"；从德州四女寺水利枢纽到天津的河段叫作"南运河"；故流经德州城西的这段运河叫作"南运河"。"卫运河"在汉代称作"白沟"，后隋炀帝改称为永济渠，而到了唐代永济渠又叫作"御河"。到明清时期，由于每年夏秋季节洪水泛滥，遂开挖"减河"以保水利安全。减河，顾名思义，就是为了分泄主河道的洪水而开挖的河道支流。

当时在南运河先后开挖了五条减河，分别是在沧州捷地、青县兴济、静海马厂、恩县四女寺以及德州哨马营。"四女寺"和"哨马营"两处的减河位于德州段的南运河上。其中"四女寺减河"兴修于明永乐年间（1411年），主要是连通卫运河与东边的崮津河以分流南运河四女寺以

---

① 张秀岭、张淑红、张宝泉等：《德州历代要籍题录与资料索引》，敦煌文艺出版社2010年版。

下的运河河段洪水。四女寺减河是始自四女寺镇，纵贯九龙庙、鬲津河、果子李、李小吴村，然后经吴桥、宁津、乐陵、庆云及无棣汇入了渤海。南运河减河在德州城境内31.1公里，全长共计228.5公里。因为南运河减河的分水口在四女寺，所以人们将后来开挖的河道、下游的鬲津河都称为"四女寺减河"，1968年又重新更名为"漳卫新河"。后来（1971年）根据经济社会的需要，又新挖了一条新的减河叫作"岔河"，位置在老减河左侧的古"金钩盘河"处。新挖的岔河河段从四女寺开始至德城区田龙庄段，全长共22.1千米，其在河北省吴桥县的大王铺附近又汇入原减河[①]。至此，在德州市主城区从南向北形成了三川并流的格局。

德州四女寺水利枢纽在京杭大运河全线占有重要的地位，是漳卫南运河中下游的重要工程。明朝在四女寺减河与卫运河的连接处，修建了具有分洪作用的低矮石坝，叫作"滚水坝"。康熙四十四年（1705年）至乾隆二十七年（1762年），又多次将原滚水坝进行了修缮，健全了控制设施，为确保行洪安全，漕运畅通起到了非常重要的作用，有着"北方都江堰"的美誉。新中国成立后，在四女寺原滚水坝基础上，投资扩大建设了新的大型四女寺枢纽工程。目前四女寺的水利枢纽工程主要包括岔河、减河两个进洪闸以及南运河船闸、节制闸等部分。四女寺枢纽在设计上采取"枢纽坝闸相结合"的工程形式，充分体现了我国古代在水工建筑规划、设计等方面的先进性与科学性，也展

[①] 王珊珊：《关于京杭大运河德州段历史文化旅游资源的调查报告》，《文化学刊》2018年第2期。

现出设计者和建设者的伟大智慧与独到见解。

这些水利枢纽前后延续几百年，不但科学有效地缓解了南运河行洪压力，保障了德州城市、津沪铁路的安全，而且在航运、灌溉等领域发挥了极为重要的作用。目前德州市正在实施"四纵三横"水系连通线路项目，将南运河、岔河、减河、马颊河四大南北方向骨干水系连通，从南、中、北三个方向依次贯通，努力构建"一轴四带五湖72海子"的城区水文化格局。

第七节　苏禄王墓文化资源

在德州市的主城区内有一位长眠于此的外国国王——古苏禄国东王。古苏禄国是一个信奉伊斯兰教的酋长国，位于今菲律宾的苏禄群岛。明朝时期的永乐年间（1417年），东王巴都葛叭哈剌等三位国王率领三百四十多人船队，不远万里前来中国访问。中国明朝皇帝明成祖朱棣以王礼给予隆重接待，立下了永世修好的诺言。然而天有不测风云，东王巴都葛叭哈剌沿运河归国途中不幸病逝，明成祖朱棣以土之礼命沿途择厚土，将其安葬于德州。东王巴都葛叭哈的长子都马含回国继承了王位，王妃葛木宁、次子温哈剌及三子安都鲁留居德州为东王守墓。到清朝雍正年间（1731年）东王后裔加入中国国籍，从此东王后裔在德州生息繁衍、代代相传，成为中华大家庭中的一员。

苏禄王墓是德州市第一个全国重点文物保护单位。依托于苏禄王墓的文化资源，德州市规划建设了苏禄文化博物馆。博物馆由南向北纵向排列，分别为牌坊、御碑楼、神道、祾恩殿、王墓。神道西侧为清真寺，为国家级文物保护单位。东侧为双亭园，内有王妃王子墓。祾恩殿为博物馆院落式古建筑，大殿及东西厢房、廊道内，均为古苏禄国文化，以及中菲两国友好交往展览[①]。苏禄国东王墓周围护陵松柏常青、肃穆壮观。苏禄王墓作为中国和菲律宾两个国家长期友好交往的重要见证，是研究中国古代特别是明清时期对外交流、友好往来的重要载体。苏禄王墓作为大运河文化遗产重要的组成部分，特别是作为"海上丝绸之路"与国家"一带一路"倡议实施的历史见证和重要节点，在德州对外形象展示、开展对外文化交流方面发挥不可估量的重要作用。

古苏禄国东王的后裔在中国形成了一个独特的守灵部落。苏禄国东王妃及王子等人留守德州后，中国给予了非常优厚的礼遇。明成祖朱棣命礼官察例赐恤、除陵庙地基之外，又赐十二城之一，共有祭田二顷三十八亩，王裔留中土者，俱閟食俸粮，优免杂烦差役，供给王裔役使。清雍正十一年（1733年），选取巴都葛叭哈的后裔温、安二姓中稍通文墨者各一人，奉祀、保护苏禄王墓。起初苏禄王后裔环墓而居，后来几经变迁，逐渐形成偌大的村落。

自此，德州便有了这个来自异邦的守灵部落——北营村。其后裔也从当初成为清朝编户齐民的一百九十三人，发展到如今的1500人。在万历到天启时期，为了满足苏禄

---

① 李海霞、陈迟：《山东古建筑地图》，清华大学出版社2018年版。

东王后裔的宗教习惯，约在东王墓西南侧增建了清真寺一座。在安、温二姓中各选一人掌教，来负责宗教事务，每到回教大典的时候，掌教率安、温二姓全体后裔诵经祭墓。苏禄国东王后裔延续至今的祭祀传统，是外来宗教信仰与中国传统祭祀文化相互融合发展的产物。历经600余年的发展演变，中国与菲律宾始终保持着友好的交流。苏禄王墓和北营村的发展，成为德州文化开放、包容的重要明证，为德州走向世界、开展对外交流合作开辟重要路径。

第八节 古城文化资源

德州是因黄河而名、因运河而兴的城市。德州最早的城，据记载始于北魏时期所筑鬲县城，其时为土城，距今已有1500余年之历史。由于战略需要，明朝建立之初，朱洪武开始在德州设卫屯兵垦荒，并着手修筑砖城。德州卫当时设有前、后、左、右、中、中左六个千户所。由于明代卫所与地方上的州县互不相属，因此当时修筑的砖城被称为"卫城"。一直到明永乐九年（1411年），当时的知州将德州移治于卫城之内，此时该城才变成了州与卫同城而治。

德州古城大致西到迎宾路，东到湖滨大道，南至东方红路，北达共青团路，在当时便已颇具规模。德州城有五门，北城门叫"拱极"，南城门叫"朝阳"，东城门叫"长乐"。而在西城墙北部有两个城门，分别叫"广川门"和

"定边"。广川门是为城内取水方便等原因而增开的，俗称小西门。由此，人们顺理成章地称定边门为大西门。后来又修建了"振河阁"，"定边门"改名为"聚秀门"。由于整个古城像一只官靴，俗称"靴子城"。

最初德州城内仅为州、卫治所和屯兵所用，直到明朝正德五年（1510年），市民、商贾开始移至城内，形成了居民、商铺、学院和庙宇等，真正实现了"州卫同治"的城市格局。伴随着运河漕运的兴盛，德州也成为贯通南北水运的交通要地，成了名副其实的"御河金枢"[1]。东南西北的商贾们便纷纷沿着大运河来德州落户抢占商机[2]。《明成祖永乐实录》记载德州在当时有"四方百货，倍于往时"的景象。德州城日益繁荣，从明朝万历年间至清朝康乾时期达到极致。德州城有手工业作坊达二百余处、商号四百多家，并涌现出许多著名的商店字号，如颐寿堂生产的"人参再造丸"畅销至全国各地；如"瑞兴号"的水烟和旱烟热销于天津、济南等地；如手工编织的草帽辫，行销至四川、西藏、云南、贵州等地，使德州城真正成了全国知名的贸易集散基地，经济发达之城[3]。

第九节　董子文化资源

董仲舒是西汉著名的政治家、思想家、教育家。其上承孔子，下启朱熹，对儒家思想的发展起着承上启下的重

---

[1] 张从军：《山东运河》，山东美术出版社2013年版。
[2] 王云：《明清山东运河区域社会变迁》，人民出版社2006年版。
[3] 德州市地方史志编纂委员会：《德州大事记》，方志出版社2016年版。

要作用。

儒学由孔子及其弟子创立,孔子与弟子们的思想,是儒学初期,称为原始儒学。而儒学的弘扬与发展始于汉代,董仲舒起到了至关重要的作用①。汉代推行"独尊儒术",将儒学教科书称为"经书",儒者在传承经学中扩大了儒学影响,提高了儒者的地位。许多儒者精通经书进入仕途,"其取青紫,犹如拾芥"。"青紫"指官服颜色,获取高官如拾芥那样轻而易举。这一阶段从汉朝延续到唐代。这一时期最为突出的儒者就是董仲舒,班固在《汉书》中称其"为群儒首""为儒者宗"。"群儒首"就是当时的头号儒家,"儒者宗"就是儒者崇拜的宗师。在唐宋时期虽然有被推崇为八大家的,却没有被史学家称为"群儒首"的。因此,在汉唐乃至宋这一阶段,董仲舒就是儒家最突出的代表。明确提出董仲舒是儒家圣人这一观点的是东汉时期的王充。在其著作《论衡·超奇篇》中有言:"文王之文在孔子,孔子之文在仲舒。"认为董仲舒是圣人角色的继承者。在董子故里,如果民众要参加科举,会先拜孔子,然后拜董仲舒,可见董仲舒在民众心里也有着圣人的地位②。

董仲舒曾经在德州读书、学习、授徒,后人为了纪念董子而修建了"董子读书台""董子祠""董子书院",这也和孔子出生地曲阜形成了"南有三孔、北有三董"的儒家文化发展格局。近年来德州市在经济开发区核心地段开

---

① 张毅:《阴阳五行与天地之美——董仲舒的天人合一思想及其审美理念》,《南开学报》2001 年第 4 期。

② 季桂起:《论董仲舒的政治思想及其在汉代的影响》,《山东师范大学学报》(人文社会科学版)2018 年第 4 期。

发建设了以"董子读书台""董子书院""董子文化街"为主体的董子园景区，成立了"德州董子文化研究院"，举办了"中国德州董子文化旅游节"，一大批学者对董子文化的相关研究也日趋活跃。

"董子园景区"总占地743亩，是国家4A级旅游景区。景区以董子读书台为核心景观，以仿古建筑、生态园林、水系环绕等为主要风貌，从空间上彰显了人文建筑与自然生态相和谐的城市景观。董子读书台位于董子园景区的核心位置，是德州市文化建设的新地标。董子读书台最早建于隋朝，位于运河之畔，后经多次建设，最终毁于民国时期的战乱。新建设的董子读书台分为董仲舒纪念馆、儒家文化馆、董仲舒雕塑广场等，是人们瞻仰学习、举行祭董活动的主要场所。"董子书院"位于景区的湖心岛，是举行儒家文化研习传播的重要场所。"董子文化街"是集聚性的文化产业园区，拥有书画艺术品经营、文化传媒、茶文化、酒文化、手工作坊、仿古家具等主题街区，集聚文化企业400多家。董子文化街已经成为传统手造、书画艺术、文化传播等多元业态为一体的产业园区，是山东省文化产业示范园区。

德州董子园景区从2010年以来连年举办"正月正董子园灯会""董子文化街庙会""中国德州董子文化旅游节""祭董大典""董子文化论坛"等文化活动，成为辐射京、津、冀、鲁、豫等地区、与北京龙潭湖庙会、上海城隍庙庙会、南京夫子庙庙会相对标的文化博览交易、非遗民俗研学旅游的重要目的地。

第十节 非物质文化遗产资源

大运河流经德州，为德州赐予了丰富多彩的非物质文化遗产资源。近年来德州市对非物质文化遗产资源加大了保护力度，发布了《德州市非物质文化遗产普查资料汇编》《德州市非物质文化遗产集萃汇编》等。到目前为止，德州市共有非物质文化遗产国家级项目4项、省级项目23项、市级项目122项以及县级项目490项。拥有国家级非遗传承人1人、省级非遗传承人10人、市级非遗传承人89人、县级非遗传承人288人。

表1-2　　　德州市级以上重点非物质文化遗产统计

类　别	项目名称
国家级非物质文化遗产	临邑一勾勾、宁津杂技、德州扒鸡制作技艺、德州黑陶烧制技艺
省级非物质文化遗产	东方朔民间传说、运河船工号子、抬花杠、绣球灯舞、马堤吹腔、山东大鼓、刘备在平原的传说、德平大秧歌、德州古埙制作技艺、通德醋传统酿造技艺、古琴艺术、德州跑驴、德州黑陶烧制技艺、宁津斗蟋风俗、乐陵左家派西河大鼓、古贝春酒传统酿造技艺、王家园子醋传统酿造技艺、齐河黑陶制作技艺、蹦鼓舞、木刻刀笔书画
市级非物质文化遗产	刘备在平原的传说、大禹治水在禹城的传说、唐枣树的传说、海岛金山寺的传说、四女寺的传说、刘秀脱险的传说、红坛寺传说、乐陵金丝小枣的传说、姑嫂坟的传说、管辂的传说、王母殿的传说、银杏树的传说、定慧寺的传说、东方朔民间传说、运河船工号子、古琴艺术、黄河号子、大实话、刘氏唢呐吹咔、武城架鼓、抬花杠、绣球灯舞、德平大秧歌、德州跑驴、牛斗虎、蹦鼓舞、高跷、弹鼓舞、水兽旱船、一勾勾、马蹄吹腔、哈哈腔、一勾勾、东路梆子、京剧、河北梆子、武城柳子戏、山东大鼓、木板大鼓、乐陵左家派西河大鼓、木板大鼓、拉

续表

类　　别	项目名称
市级非物质文化遗产	洋片、鲁北木板大鼓、宁津杂技、尚氏形意拳、吴钟八极拳、戊极大功力拳、禹城八极拳、宁津小八极拳、德州扒鸡制作技艺、德州黑陶烧制技艺、德州古埙制作技艺、通德醋传统酿造技艺、武城旋饼制作工艺、又一村包子制作工艺、长官包子制作工艺、保店驴肉制作工艺、打柳面制作工艺、剪纸、齐河黑陶制作工艺、潘店空心挂面制作工艺、夏津小磨香油（郗香牌）的制作工艺、寇家豆腐皮制作工艺、德平细米窝头制作工艺、恩城签子馍馍加工技艺、老卢家泡子糕制作工艺、蛋壳陶、彩云陶制作工艺、古贝春酒传统酿造技艺、益和成糕点的制作技艺、金信布袋鸡的制作技艺、羊肠制作技艺、京胡制作技艺、胡焦火扒蹄制作技艺、王家园子醋传统、酿造技艺、吹糖人、夏津珍珠琪的制作技艺、白玉鸟的饲养技艺、庆云崔口烧鸡制作工艺、陶瓷印章制作技艺、傻小二扒鸡制作技艺、建志剪纸、朔之乡剪纸、夏津鸿熙居布袋鸡制作技艺、宁津烙画、金丝贴、木刻刀笔书画、宁津斗蟋、恩城鸽子会、"三月三"庙会、冯家门三弦艺术

资料来源：《德州统计年鉴（2021）》。

德州有代表性的非物质文化遗产可以概括为"一黑、一红、一彩"。

"一黑"就是德州黑陶。德州黑陶是中国黑陶的一种，起源于龙山文化，距今已有约四千年的历史。德州黑陶取材黄河冲积平原特有的红胶泥做原料，经过传统手工轮制拉坯成型、软刻、烧制、硬刻等工艺处理完成。德州黑陶产品"望之如金，叩之如磬"，给人以"乌金墨玉"之感。德州黑陶烧制技艺经过德州匠人的多年钻研，于20世纪80年代开始复产。经过多年的创新摸索，已经生产出10大系列1000多种产品，涌现了梁子黑陶、东夷黑陶、龙山黑陶、刘浩陶艺、张辉黑陶等黑陶品牌。德州梁子黑陶是全国业内的龙头企业，建有中国黑陶城博物馆、现代黑陶精品馆、黑陶产业文化园等，集聚了毛军、张务福、孙连伟等一批黑陶大师，涌现了《飞天》《五虎上将》《一百单八将》《盛世欢歌》《薪火相传》等一大批精品力作。2014年，德州黑陶烧制技艺被列入国家级非物质文化遗产名录。

"一红"就是德州剪纸。德州剪纸是鲁北剪纸的代表，融合江南和北方剪纸艺术的不同特点，采用阴阳结合及单色、套色、点色等多种形式，将风土人情、飞禽走兽、山水名胜等有机结合，融代生活、历史事件、神话传说为一体构成一幅幅寓意深邃、栩栩如生的图案。主要有张贴类、摆衬类、刺绣底样类、印染类几大类别数千个品种，拥有宁津山花剪纸、德州建志剪纸、陵城朔之乡剪纸、平原寇宝岭剪纸、武城徐楠楠剪纸等剪纸品牌。宁津山花剪纸是德州剪纸的代表。创始人张长俊师从天津美术学院教授、中国剪纸学会会长仉风皋先生，是业内有名的"神剪快刀"。他先后办起了山花剪纸培训学校、宁津剪纸博物馆、剪纸产业园区，承担了中国民间剪纸《鲁北卷》的编纂工作。他创作的《红楼梦》《五十六个民族》《清明上河图》等作品荣获多项大奖，《洛神赋》等3幅作品荣获文化部举办的民间剪纸艺术大赛一等奖，被中国美术馆收藏。另外，武城徐楠楠剪纸主要以运河、四女寺等为主题，创作了一系列地域文化作品。

"一彩"就是德州红绿彩。红绿彩是京杭大运河的产物，源于宋金时期的德州窑。德州窑分布于大运河德州段的岸畔，随着运河漕运的发达曾一度站在中国民窑制瓷业的顶端。红绿彩的主要特点就是用红、绿、黄等彩料勾画纹饰。勾画的纹饰以花枝、云纹等纹样为主，局部施红彩，并有浓淡之分。红绿彩整体装饰以红彩勾勒为主，填涂为辅。由于红、绿、黄这三种颜色色彩对比强烈、明快艳丽，能够给人以非常强烈的冲击感。在烧制技艺上，首先是拉坯成型后进行高温烧制，然后在白釉器型上作画，再入窑800℃低温烧制完成。古代德州窑出品的红绿彩瓷器在中国陶瓷史上是独一无二的，作为古代首个有色彩的瓷器，被称为"中国彩瓷的鼻祖"。但是由于宋金多年的战火，以及明代燕王扫北的战乱，匠人远走他乡，德州窑风光不再。近年来德州古窑的考古发现，又让红绿彩这一曾经消失800年的艺术门类回归公众视野。德州目前建有红绿彩博物馆，拥有藏品千余件。研发生产的产品有工艺品、日用品等5大系列600多个品种。

另外，德州扒鸡、德州杂技、德州一勾勾与德州黑陶四项同为国家级非物质文化遗产。"德州扒鸡"全称为"德州五香脱骨扒鸡"，是鲁菜的经典菜品。德州扒鸡出产于1692年，早在清朝乾隆年间，德州扒鸡就被列为山东贡品。随着运河漕运的发达，以及京沪铁路的开通，德州扒鸡闻名全国，远销海外，被誉为"天下第一鸡""神州一奇"。"德州杂技"是德州的一张文化名片，在全国占有举足轻重的地位。德州杂技主要集中在德州城区和宁津县，有"中国杂技之乡"的美誉。德州市杂技团成立于1958年，是新中国最早的杂技艺术表演团体之一。多年来德州杂技的足迹遍及中华大地，在北京、上海、天津、广州等各大中城市以及广大的农村地区进行了无数场的演出。20世纪90年代以来，先后在美国、德国、日本、韩国等三十多个国家和地区演出。代表作品有《草帽》《蹬伞》《晃板》《转毯》《钻地圈》《水流星》《舞中幡》《快乐的炊事员》等，出演了《齐鲁英豪》《红牡丹》《天涯怪客》等影视作品。作品《高椅》荣获黄鹤金奖。"一勾勾"是源于德州市临邑县一种民间戏曲艺术,是由明清以来流行于北方地区的花鼓衍化而成。"四弦"是一勾勾的主要伴奏乐器,因而"一勾勾"又叫作"四根弦"或"四音戏"。"一勾勾"的特点是德州方言、真声吐字、假声托腔、婉转悠扬。"一勾勾"主要行当有青衣、花旦、胡生、小生、花脸、丑等。演出传统剧目有《东秦》《西秦》《坐楼杀惜》《三进士》《李香莲卖画》《锦断记》等70多个。2006年"一勾勾"研究传播中心在临邑师范学校成立,学生们经过邝淑云、龙传英、信红霞等老艺人悉心传授,合作演出的首个传统剧目《王小赶脚》深受广大农村群众欢迎。

表1-3　　　　　　　　大运河德州段资源概况

类别	内容	名称	国家级及以上	省级	市县级	其他	总量
核心文化遗产	河道遗存	南运河	√				1
	水工遗存	闸子遗址			√		3
		桥头遗址			√		
		德州码头	√				
	制度遗产	德州城墙遗址		√			1
	漕仓遗产	北厂漕仓遗址		√			2
		北厂沉船遗址			√		
关联文化遗产	聚落遗产	胜利街遗址				√	13
		苏禄王墓	√				
		金氏家族墓			√		
		金炼墓				√	
		卢宗哲家族墓				√	
		闸子墓群				√	

续表

类别	内容	名称	国家级及以上	省级	市县级	其他	总量
关联文化遗产	聚落遗产	小郭市清真寺			√		13
		米氏清真寺			√		
		南营街清真寺			√		
		回龙庙遗址				√	
		北营清真寺			√		
		德州窑址			√		
		豆腐巷古井				√	
	工业遗产	德棉办公楼				√	5
		德州电厂机房旧址		√			
		德州一水厂旧址		√			
		德州仓储建筑群		√			
		德州机床厂旧址		√			
	其他重要文化资源	李姓民居				√	11
		德州烈士陵园			√		
		德州工人文化宫			√		
		红旗旅馆			√		
		东方红旅馆			√		
		又一村饭店			√		
		人民电影院			√		
		德州市委老干部局综合楼			√		
		德州市图书馆			√		
		青少年广电文化体验基地			√		
		德州市电影公司			√		
总计			3	6	17	10	26

资料来源：《德州统计年鉴（2021）》。

第二章　大运河德州段文化旅游发展基础分析

　　黄河、大运河对于德州的深刻影响，赐予了德州独特的自然禀赋和深厚的文化素养。得益于黄河文化、运河文化的滋养和熏陶，德州经济社会文化发展取得了巨大发展。在目前大运河文化经济带、黄河流域生态保护和高质量发展的大背景下，德州经济社会发展的成绩以及文化旅游发展取得的最新成果，将成为大运河德州段文化旅游融合发展的重要基础条件。

第一节　经济社会发展状况

　　根据2022年德州市政府工作报告，截至2021年，德州地区生产总值3488.7亿元，市场主体由32.6万户增加到53.2万户。上市企业由3家增加到11家，市值突破1400亿元。新增国家级"专精特新小巨人"企业10家、省级"专精特新"中小企业48家、瞪羚企业16家。普利森、保龄宝荣获全国制造业单项冠军，恒力电机、德药制药等17家入选省单项冠军。新增四板挂牌企业108家。新增上云企业332家，4家园区入选省级数字经济园区。建立重点项目挂图作战机制，37个重大项目扎实推进，88个省级重点项目完成投资440亿元，106个市级重点项目完成投资530亿元。

目前德州处于环渤海经济圈、京津冀城市群协同发展区，山东省"一区一圈一带"发展规划战略覆盖区域内[①②]。作为山东省的西部后发地区，德州正坚持先进制造业立市强市，立足培育"541"产业体系，全面实施"三三倍增"行动计划，统筹推进乡村振兴，全力融入服务发展战略，积极扩大对外开放，倾力保障促进民生福祉。

第二节　文化事业发展状况

德州市在文化基础设施方面，位于山东省前列，建设完善了县市、乡镇街道、社区与乡村四级公共文化服务体系。市级拥有市博物馆、图书馆、文化馆、苏禄王墓博物馆、美术馆、大剧院等五馆一院，其中市文化馆为国家一级馆，市图书馆和博物馆为国家三级馆。县级共有22个图书馆和文化馆，其中包括12个国家一级馆，134个国家三级以上标准乡镇综合文化站，村级的综合性文化服务中心达标率为100%。2020年，德州市将文化惠民活动纳入全市考核事项。连续多年年均培训文艺骨干1000余名，举办元宵节民间文艺展演、广场舞大赛等1000余场。年均"戏曲进乡村"和"戏曲进校园"活动近9000场次，实现行政

---

① 德州模式课题研究组：《和谐城市化的德州模式》，广东经济出版社2008年版。
② 山东省德州市人民政府：《德州年鉴》，方志出版社2020年版。

村演出活动全覆盖，文化惠民工作走在了全省前列。

德州现有京剧团、歌舞团、杂技团等多个演艺团体，文化演艺事业发展繁荣。德州京剧艺术源远流长，德州京剧团多次在国家级、省级等各类大赛中取得了优异成绩，并受到了李先念等中央领导的高度评价。2008年，德州被中国戏剧家协会授予"中国京剧城"的称号。2021年创作完成的现代京剧《追梦》公演后受到广泛好评，入选第十二届山东文化艺术节展演剧目。德州还是中国著名的杂技之乡，2018年第十三届武汉中国光谷国际杂技艺术节上，德州市杂技团创作的杂技《高椅》荣获黄鹤金奖第一名。德州市杂技团在多家景区驻场演出，创作的杂技主题晚会《运河流芳》以整场晚会的形式参加"庆祝党的二十大召开——全国优秀杂技剧目晋京展演"活动。德州歌舞团创作的大型原创红色音乐剧《兵出渤海湾》反映了山东渤海军区教导旅从兵出渤海湾到进军天山，终身屯垦戍边的英雄故事，该剧在新疆演出后受到强烈反响。

德州的艺术创作氛围较为浓厚，围绕经济文化建设、乡村振兴以及庆祝建党一百周年等主题开展了精品艺术创作，取得了一系列荣誉奖项。歌曲《大苇荡》、相声《心病》、书法《行书条幅》荣获第十一届山东文化艺术节优秀作品奖。2019年，歌曲《中国船号震大地》荣获第十二届中国艺术节第十八届群星奖（音乐类），是山东省唯一获奖的音乐作品。美术作品《使命》荣获十三届全国美展金奖。2020年，创作抗疫作品694个（幅），其中歌曲、戏曲曲艺等149首，美术作品（国画、书法、插画等）312幅、诗朗诵82首，其他作品151部。山东快书《认亲》入选第十二届山东文化艺术节优秀文艺作品,歌曲《那就是我》、戏剧《我要回家》入围全省群众艺术优秀新创作品。

据了解,德州市目前有文化市场经营单位800余家,从业人员达到3000余人,现有旅行社80家,星级饭店8家。德州广播电视工作走在全国前列。其中广播电视融媒体技术平台在山东省率先建成并启用,从系统到功能打通了融合媒体生产全流程,真正实现新闻信息"一次采集、多元发布、全媒传播",大大提高了新闻传播时效性。奏嘛(德州手机台)在全国200多家轻快手机台中持续位列第一。德州市10家县级融媒体中心全部顺利挂牌并运营,其中宁津县的融媒体中心被中宣部认定为山东省仅有的两个全国试点单位之一。作为山东省首批试点单位的宁津、临邑、乐陵、武城、平原等5个县、市融媒体中心成为全省县级融媒体建设样板。

第三节 文化产业发展状况

德州是一个文化产业门类齐全、业态丰富的城市。文化创意、影视拍摄、文化演艺以及出版印刷是文化产业中增长较快的产业门类。全市文化产业实现增长值、占比连年攀升。2017年德州市文化及相关产业增加值149.62亿元,全省排名第8名。占生产总值比重为4.76%,全省排名第三。比重提高幅度为0.8%,全省排名第一。根据最新数据,全市2021年前三季度文化及相关产业实现增加值达到104.59亿元,同比增长14.85%。这说明了文化产业对

GDP的贡献率逐步提高。其中，目前全市的规模以上文化企业拥有73家，共计实现营业收入74.0亿元，同比增长25.6%。进一步说明了规模较大的优质文化企业发展势头总体持续向好，恢复基础持续加强。文化产业在消耗政府政策和资金等行政资源较少的情况下保持长期高增长，成为德州的特色产业和最具发展潜力的产业之一。德州市工艺美术品制造、出版印刷等传统文化产业优势十分突出。印刷产业数字化改造不断加深，在新技术引进、数字印刷厂建设、数字人员培训上不断加大投入，在高端印刷领域已具备一定竞争优势。其主要特点是，民营企业单位构成了德州文化产业单位的主体，文化产业发展的内生动力不断增强。德州大运河古玩城发展成为全国第二大收藏交易产业集聚区，区域古玩书画交易中心影响力日益扩大。

德州文化产业园区基地得到较好发展。全市拥有省级文化产业示范基地8家，市级30家。拥有山东省文化产业示范园区创建单位1家。在文化产业园区的发展思路方面坚持了走具有地方特色的路径，并取得了较大的成效。德州董子文化街文化产业园区是文化产业集聚型发展文化产业园区。园区特点是发展主题明确，运行机制健全。园区主要经营书画艺术、工艺美术类，非遗民俗、古玩文玩类，红木家具、根雕奇石类，文化培训、创意设计类，文化传媒、影视制作类五大业态。文化产业企业、机构约400余户，年营业总额约10亿元。带动周边相关业态、企业间接收益20亿元。在德州文化产业园区中，比较典型的文化创意产业园区是山东新街口文化创意产业园，其独特创意特点使得形成一定的可复制推广模式。园区采用全复古建筑，目前在德城区、禹城市建设了以新街口创意产业园为主题的产业园区。德州梁子黑陶文化有限公司是德州乃至全国黑陶产业的龙头企业[①]。企业建设有中国黑陶城博物馆、德州黑陶展览馆、梁子黑陶文化产业园等，该企业集黑陶生产、研发、展示、销售于一体，运营体系建有线上、线下两种销售形式，在北京、天津、上海等地设立了销售机构、聘请了高级顾问。在企业发展和营销战略上，以"讲好德州黑陶故事"为突破口，不断强化企业文化和人才队伍建设，培育大师级人才工匠20余人，各类技术人员120余人，以文化传承和人才建设为抓手促进了园区、企业的长足发展。

德州的文化产业实现了破题发展。位于齐河县的黄河国际生态城实现了大投入、大发展、大收益的良好格局。黄河国际生态城文化产业园是以文化旅游为主体的现代文化产业综合性园区，其主要企业有泉城海洋极地世界、泉城欧乐堡梦幻世界、欧乐堡动物王国、齐河大地自然博物馆群、中国驿美食小镇等文旅企业。园区主要特点是项目体量大，内容要素震撼力强，是文化旅游从观光向旅居嬗变发展的典型载体。齐河博物馆群由山东坤河旅游开发公司投资120亿元建设，规划建设的每一个场馆和藏品都非常惊艳。据了解目前建成的博物馆主要有黄河文化博物馆、书画艺术馆、根雕博物馆、地矿博物馆、古生物化石馆、动物标本馆、盛世瓷器博物馆等20个不同主题的博物馆集

---

① 董晓雅：《梁丽霞：续黑陶技艺根脉扬非遗文化之魂》，《中国经贸》2020年第9期。

群。在博物馆群的风貌建设上既恢宏大气又别出心裁，总体以山形水系的规划格局、历代经典的建筑手法，将一座座不同主题的博物馆融入像诗画般的青山绿水中。其中，建成开放的海洋博物馆是亚洲室内面积最大的博物馆，欧乐堡梦幻世界拥有世界极速的蓝火过山车，欧乐堡动物王国更是将旅居、自驾游、亲子游、研学游融为一体，把文化旅游发展提升到了一个新的高度。

第四节 旅游产业发展状况

德州市的旅游发展的基本状况应该说还是比较健全和完善的。近年来的旅游接待人数、旅游消费总额，均稳步增长。从2016年全市接待国内外游客2511.59万人次，实现旅游消费总额164.14亿元，到2019年接待国内外游客3396.06万人次，实现旅游消费总额226.81亿元。2021年前三季度，全市接待国内外游客2266.19万人次，实现旅游总收入148.59亿元，增长84.24%，分别恢复至2019年同期的87.6%和85.7%。

目前德州市共有国家A级旅游景区59家，其中包含4A级旅游景区8家。拥有旅行社80多家，三星级以上旅游饭店有8家。另外有三星级旅游民宿20家。欧乐堡骑士酒店在2017年被评为山东省"金星级文化主题饭店"。德州市拥有许多旅游特色商品，包括德州旅游工艺品、德州地方特色食品、德州特色茶品、德州陶瓷工艺品、德州竹

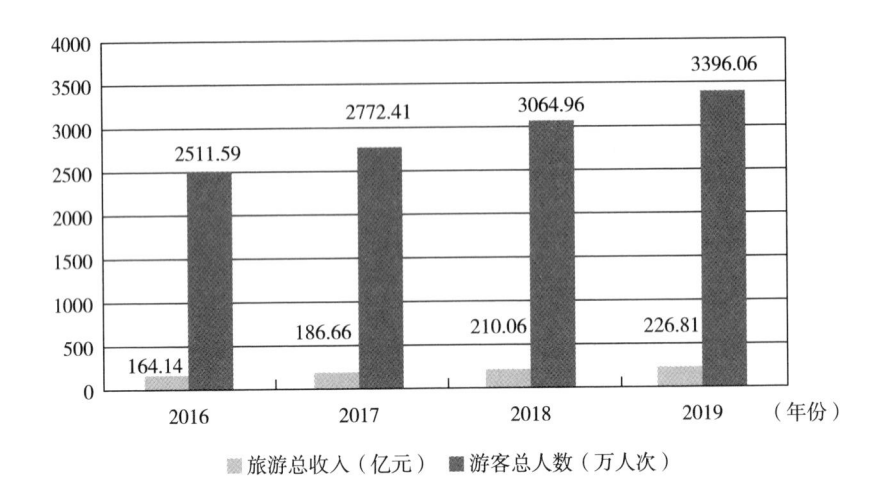

```
4000
3500                                              3396.06
             2511.59    2772.41    3064.96
3000
2500
2000
1500
1000
 500    164.14    186.66    210.06    226.81
   0
        2016      2017      2018      2019    （年份）
         ■ 旅游总收入（亿元）  ■ 游客总人数（万人次）
```

图 2-1　2016—2019 年德州市旅游总收入和游客人数变化

资料来源：《德州统计年鉴（2020）》。

木工艺品、德州旅游装备品、德州旅游纪念品七大类。德州市的旅游特色商品也获得了广泛的肯定，其中"德州牌"扒鸡等 5 种特色旅游商品被入选为"到山东最想买的 100 种特色旅游商品"；德州扒鸡（德州地方特色食品）、乐陵小枣（德州地方特色食品）、梁子黑陶（德州陶瓷工艺品）入选了山东省的"一城一品特色旅游商品名录"；德州市的 11 家具有旅游商品特色的企业被本省评为省级旅游商品研发基地；4 处街区被评为山东省旅游休闲购物街区；乐陵市凭借其特色的小枣产业被山东省评为购物旅游示范市；庆云县、夏津县、齐河县依托地方特色旅游产品规划与发展，被评为了山东旅游强县。此外，德州市的国家级与省级工农业旅游示范点已超过 80 处，省级的旅游强乡镇多达 26 个。

表 2-1　　　　　　　　德州市 A 级旅游景区情况统计

类别	景区名称	数量
4A 级旅游景区	德州市泉城极地海洋世界景区、德州市泉城欧乐堡梦幻世界景区、德州市庆云海岛金山寺景区、德州夏津黄河故道森林公园、夏津县德百温泉度假村、乐陵千年枣林景区、德州董子园、德州市太阳谷景区	8
3A 级旅游景区	德州市博物馆、德州市苏禄文化博物馆、夏津德百旅游小镇、经济技术开发区澳德乐时代广场、德州长河公园、德城区奥德曼葡萄酒庄生态园、德城区新街口文化产业园、陵城区印象大薛庄生态农业观光园、德州禹王亭博物馆、禹城鳌龙现代农业生态观光园、乐陵冀鲁边革命纪念园、乐陵市古韵枣邑风景区（龙悦生态园）、乐陵梁锥希森新村、德州碧霞元君故居、德州宁津文化艺术中心、宁津县康宁湖风景区、宁津县崔杨文化风景区、德州齐河定慧寺、德州市齐河昌润？致中和有机农场、临邑红坛寺森林公园、德州古贝春工业旅游园区、德州市武城四女寺风景区、庆云县庆云宫景区	23
2A 级旅游景区	乐陵市大孙生态采摘园、德城区万亩桃园、陵城区颜真卿公园、陵城区东方朔公园、陵城区见如家境乡村主题公园、陵城区金庄龙虾旅游观光园、陵城区神头师竹轩花海景区、禹城市大禹公园、乐陵市文庙古文化旅游区、乐陵市大孙爱国主义教育展馆、乐陵市味道小镇、乐陵市中国金丝小枣文化博物馆、齐河县时传祥纪念馆、齐河县金鲁班生态庄园、齐河县鼎泰沣农业旅游示范园、邢侗纪念馆、临邑革命烈士陵园、临邑县前杨乡村旅游风景区、武城县神龙地毯艺术博物馆、武城华盛太阳能农庄、夏津龙湖公园、庆云纪念馆、庆云沃森田园养生休闲观光园、德州经济技术开发区梁子黑陶博物馆、经济技术开发区非洲之星钻石文化体验馆、九龙湾公园、德州奇石博物馆、德州普利森机床博物馆	28

资料来源：《德州统计年鉴（2021）》。

在旅游产业发展方面，齐河县为德州市做出了巨大贡献。2019 年，山东省评选出首批省级全域旅游示范区，德州市齐河县位列其中。2020 年，齐河县又被授予国家全域旅游示范区荣誉称号。2021 年，齐河黄河国际生态城入选省级文旅康养融合发展示范区。在 2022 年 6 月 26 日的山东省旅游发展大会上，齐河县又被授予 2021 年度山东省文旅康养强县称号。目前，齐河县已经成为德州市乃至山东省名副其实的旅游发展高地。

在乡村旅游方面，德州市的成绩也是可圈可点。目前德州市共有省级乡村旅游示范县 2 个，乡村旅游示范镇 2 个，乡村旅游品牌化发展镇 1 个，全域旅游示范镇 1 个，重点保护开发传统古村镇 3 个。同时拥有省级乡村旅游重点村 3 个，乡村旅游景区化村庄 13 个。同时在乡村旅游示范发展方面，德州市有 5 个乡村旅游示范村，56 个省级的乡村旅游示范单位，26 个省级旅游强乡镇，39 个旅游特色村；农业旅游发展方面，德州市有 40 个国家级、省级农业旅游示范点，其中有 44 个被评为"好客人家星级农家乐"，还有 26 个省级"特色精品采摘园"，10 个省级"开心农场"。乡村旅游产业的发展不但促进了经济收入的增加，还促进了劳动力就业，目前德州市有近两万人从事乡村旅游产业。总体来看，全市乡村旅游呈现出了由小到大、由点到面，由"走马观花"式旅游到乡村休闲、乡村度假的可喜变化，乡村旅游逐步成为德州市的农村经济发展与乡村振兴的新生力量和新的增长点。临邑县前杨村着力发展乡村旅游，先后建设了花海、憩园、迷宫、点将台、国丈井、南湖等景点，知青之家、拓展训练中心、采摘园等体验场所，以及前杨村史馆、时光旅社民宿、民俗文化中心等文化设施，充分展现了前杨村悠久的历史和浓郁的乡村风情，吸引了大量游客前来参观，旅游收入 50 多万元。陵城区神头镇是西汉时期太中大夫东方朔的故里，东方朔墓、厌次故城遗址和古汉墓群七十二疑冢等省级重点保护文物就分布在这里。依托这些资源优势，统筹全镇 98 个村庄发展起了乡村旅游。投资 3850 万元，完善了全镇的道路、桥梁、沟渠、排灌等基础设施，提升了张家、史家、西郭等 23 个村的村容村貌和文化设施，建设了"东方朔故里省级森林公园"、源盛泰国家3A级风景区，连续举办了"三月三神头庙会""东方朔文化节暨森林旅游节"，收到良好效果，并获得"省级旅游强乡镇"称号。2022年6月，乐陵市的朱集镇后周村被授予山东省申报第四批全国乡村旅游重点村镇，全省仅有10项此荣誉，德州占其一。

德州市旅游项目建设取得重大突破。据了解，目前全市入库在建文旅项目36个，计划总投资1110亿元，已经完成投资304亿元。重大的文旅项目主要集中在毗邻济南的齐河县，近年来，齐河县先后实施重大文旅项目20多个，总投资近1000亿元。山东坤和旅游投资的"泉城海洋极地世界""欧乐堡梦幻世界""欧乐堡水上世界""欧乐堡动物王国"，还有山东土发集团投资建设的"中国驿——泉城中华饮食文化小镇"、马来西亚发林集团投资建设的"东盟国际生态城"等，目前都已经成为华北、华东地区重要的旅游打卡胜地。还有正在建设中的齐河博物馆群、黄河水街、黄河水乡湿地公园、安德湖小镇、大卫创艺产业园等项目，成为在国际国内均具有一定影响力的大项目。2021年，德州市齐河县精品旅游产业集群成功入选山东省"十强"产业"雁阵形"集群库拟入库产业集群名单。

除去齐河县的区域性投资以外，山东德百集团投资建设了夏津德百椹仙村旅游小镇、德百温泉度假村、宁津德百杂技蟋蟀欢乐谷等，在德州旅游领域发展中做出了非常大的贡献。2022年5月1日，随着平原德百奇石观赏园的开门纳客，山东德百集团旅游项目总投资超过100亿元。德州市主城区旅游项目一直以来是一个很大的短板。从

2021年开始,新一届市委市政府领导班子加大工作力度,谋划了以大运河博物馆群、东盟文化产业园、德州市文化科技中心为主体的重量级文化旅游项目,意在提高主城区的文化旅游首位度,拉动全市文化旅游产业的发展。另外还有禹城市大禹文化旅游产业基地、乐陵南部生态区澳林文旅康养小镇、文鼎星锐(乐陵)影视基地、平原的东海天下、庆云县的金山古城、祥云文旅综合体等重大项目蓄势待发。如果说齐河县的文化旅游发展实现了德州市的重大突破的话,那么德百集团的文旅投资将会全面激活德州文旅发展因子,迅速形成德州市全域"业态新颖、带动力强、多点开花"的旅游发展格局。可以预见这些项目的实施,将会驰而不息地拉动德州形成千亿级旅游消费市场,又将在发展的高度、广度、深度上实现一个里程碑式的重大突破。

德州文化旅游节庆展会形成了"德州市旅游发展大会"等一系列节庆品牌。为了实现德州文化旅游形象的提升,促进德州市文化旅游产业持续发展,自2020年开始,德州已连续两年顺利举办旅游发展大会,2022年将在宁津县继续举办。2020年齐河县以"黄河之旅,德州有约"为主题,以推动"以国内大循环为主体、国内国际双循环相互促进的新发展格局"为出发点,举办了德州市第一届旅游发展大会;2021年6月,夏津县举办了德州市第二届旅游发展大会,根据夏津的特产,将主题确定为"德润天下,夏津'椹'好",将《会盟天下》作为主题曲,选取"夏津娃"为本次大会的吉祥物。在此次会议上取得了一系列的成就,例如签订了《京津冀鲁豫渝十九城市旅游产业发展联盟战略合作协议》，实现与大运河德城段的文旅融合项目，以及事关旅游全局的十几个重点项目进行了现场签约，总投资高达280亿元。德州市第三届旅游发展大会将于2022年9月在宁津县举行，目前已经做好前期的准备工作。此外，德州市为迎接旅游发展大会的召开，举办了诸多节庆活动，如主城区的万亩桃花节、中国德州董子文化旅游节，乐陵市的中国金丝小枣节，夏津县的黄河故道梨花节、椹果采摘节，宁津县的蟋蟀民俗文化节，临邑县的槐花节等。其中中国德州董子文化旅游节，自2009起每年均会举办，此节日活动包括了一系列的组合活动，比如学术论坛、沙龙、展览、竞赛、交流会、研讨会等。中国德州董子文化旅游节期间还先后举办了"云起师程——程振国师生作品展""老字号精品展""秋季奇石文玩展"。目前影响力比较大的节日活动当属"德州董仲舒思想研究高峰论坛"，以及近年来策划举办的"祭董大典"等重大活动[1]。

第五节 主要业态发展状况

德州的文创产品多与黄河、运河主题有关，文创产品品类较为丰富。主要文创产品有黑陶、剪纸、金丝贴、绢花、炭雕、刀刻、仿古家具、皮雕等。其中德州黑陶、德州红绿彩、德州剪纸等都是德州重要的文创产品。德州黑陶是全国黑陶产业主要聚集地，产品工艺水平代表了中国黑陶的最高水平。生产企业及市场份额占全国的60%以上，

---

[1] 中国国家人文地理编委会：《中国国家人文地理》，中国地图出版社2019年版。

被国家授予"中国黑陶城"荣誉称号。红绿彩是宋金时期德州盛产的一种彩瓷，开启了中国彩瓷的先河，是德州运河文明的象征。德州红绿彩文化发展有限公司秉承传统红绿彩的古法制瓷技艺，于2017年复产的红绿彩工艺陶瓷，建成了德州宋金红绿彩博物馆，成为德州文化产业新的发展亮点。德州剪纸有着悠久的传统，是鲁北剪纸的重要组成部分[①]。作品形式有花鸟人物、山水风景、现代艺术等，可满足消费者个性化需求。德州剪纸品牌主要有山花剪纸、建志剪纸、朔之乡剪纸等。位于宁津的山花剪纸建立了剪纸文化产业园，承担了中国民间剪纸鲁北卷的编制工作，为德州剪纸产品的多元化发展做了积极的探讨。德州金丝彩贴工艺是德州首创的全新工艺样式，它集民间景泰蓝、沥粉贴金、布贴画、工笔国画等多种艺术形式于一体，其中《圣人孔子》《董仲舒》等代表作品多次被作为国礼赠送外国国家元首。另有唐木人刀工木刻、陶石工坊斑斓彩、七姐女红坊等文创产品大师工作室等。2022年6月26日举行的山东省旅游发展大会上，德州窑红绿彩陶瓷制品、德州梁子黑陶产品、乐陵市射箭器材、武城神龙毯业工艺地毯、禹城德元炭雕成功入选"山东手造，优选100"。

德州的古玩艺术品行业有着较久的渊源和较大的比较优势。目前德州是中国北方除去潘家园以外较大的古玩艺术品交易市场，老物件、真古董数量较多是德州区别于其他古玩艺术品交易市场的一大特征。也正因为如此，全国各地的古玩爱好者纷纷慕名而来。据德州市古玩协会会长

---

① 王亚萍：《中国民间剪纸的变迁与发展》，《西北民族大学学报》（哲学社会科学版）2004年第3期。

于兆军介绍，目前有古玩艺术品经营业户1200家。德州古玩城主要经营各种玉器珠宝、古籍字画、木雕、瓷器、青铜器，以及退出流通领域的人民币、纪念币等。主要经营业户来自东北三省、北京、天津、河北及山东、山西、河南等地。基本具备了古玩展览交易、专业鉴定与藏品拍卖的功能。大运河书画古玩城是德州市文化产业示范基地，每周开设三次露天淘宝集市，共设4000个自由摊位。齐鲁古玩城每年春季、秋季召开两次古玩文化收藏交流大会，现已成功举办了十六届交流会，高峰期客流量10万人次，交易额达10亿多元。每年举办数次古玩艺术品拍卖会，交易额均在千万元以上。目前德州每年举办大型古玩博览交易活动50多个场次，客流量达到200多万人次，年交易额达到100多亿人民币。有20多家经营业户排名进入全国100强，在晋冀鲁豫乃至全国成为业内公认的品牌市场[①]。

德州市的文化演艺产业具有较强优势。一方面德州的区位优势为发展演艺提供了便利条件。清朝时期四大徽班晋京演出，德州是必由之路，大多在德州均有停留。其间在德州形成了良好的文化氛围，培养了大量的京剧票友和文艺爱好者。另一方面德州的国有文艺院团在演艺事业的发展上担当了主力军的作用。德州京剧团、杂技团都是新中国成立最早的文艺表演团体，多年的传承与发展让德州在全国、全省有了重要的一席之地。德州也因此有了中国京剧城、中国杂技之乡的荣誉称号。目前，德州市国有专业文艺院团有德州市京剧团、歌舞团、杂技团等市级3家院团，各县市区有民营职业剧团13家。1958年成立的德州

---

① 姬春雪：《德州古埙制作技艺的传承新模式》，《文化产业》2018年第3期。

市杂技团,是中国最早成立的表演团体之一。它有107名演职人员,其中国家一级演员5人、二级演员33人。德州杂技历史悠久,源远流长,有"质朴粗犷、柔中有刚"的美誉,又具有"惊、险、奇、美、新"的特点,在2008年6月的时候,其被列为国家级非物质文化遗产。2014年中国第十届艺术节德州市杂技团创作的大型杂技剧《家乡》均获得了高度评价。2018年10月,杂技节目《高椅》荣获中国光谷国际杂技艺术节黄鹤金奖,实现了德州杂技荣获国际比赛大奖的历史性突破。德州市杂技团先后与广东长隆(珠海)集团、上海迪士尼、山东德百集团合作,常年驻场演出,走出了一条杂技演艺与旅游景区融合发展之路。

德州京剧团始建于1945年,是全国建团最早的专业院团之一,到现在有60多年的历史。京剧团表演的代表性剧目有折子戏《打虎上山》《坐宫》《断桥》《武家坡》《钓金龟》,演出的还有《四郎探母》《东方朔》《凤还巢》《红鬃烈马》《玉堂春》《望江亭》《勘玉钏》等经典剧目。创作演出的新编历史剧《武大郎正传》、现代京剧《时传祥》,入选山东省"精品工程"。排演的新编历史京剧《东方朔》入选十艺节"百场下基层"优秀邀请剧目演出。

德州市歌舞团前身是成立于1970年10月1日的"德州地区毛泽东思想宣传队",后更名为"德州地区文艺工作团""德州地区歌舞团",1995年随着德州撤地设市更名为"德州市歌舞团"。歌舞团现有人员60人,高级职称11人,中级职称15人,歌舞团下设机构:舞蹈队、声乐队、乐队、曲艺队、创作室、舞美队等。经过多年的实践发展,创作出《那一片热土》《甜美的乡音》《大山东》《大平原》《那一片黄土地》《我和祖国一起飞翔》等一大批脍炙人口、久久传唱的歌曲，《走向春天》《欢乐中国年》《中国农民》《大禹》《运河之恋》等一大批动感魅力、喜闻乐见的舞蹈。涌现出以肖吉木、王宪德、许福河、高媛萍为代表的老一辈歌唱家、作曲家、演奏家，和以许晓英、赵丽、肖林、杨向军、宋晓梅、王亚玲、张青、安丽丽、马利梅等为代表的优秀青年演员。创作的原创音乐剧《后羿与嫦娥》，在全国艺术节上被选为十部祝贺演出剧目之一。同时创作舞蹈《大禹》代表德州市参加全省十六地市联合演出的舞蹈诗《谁不说俺家乡好》的第一幕第一场的演出，同时参加"山东国际大众文化艺术节"闭幕式演出。在山东省泰山文艺奖评选中获得舞蹈类一等奖。原创舞蹈《三弦的记忆》获得山东省泰山文艺奖创作演出三等奖。原创歌曲《共筑中国梦》获得"第一届长河文艺奖"二等奖。原创舞蹈《运河之恋》获得"第一届长河文艺奖"创作演出一等奖。

第三章 大运河德州段文化旅游背景分析

运河的开凿和发展，从世界范围来看，多数是起源于军事需求，而后逐步演变成商贸运输、观光旅游的一种经济形态。也就是说运河的存在是由政治经济等方面的需求决定的，运河的功能是随着政治经济的需求发展而演变的。时至今日，中国特色社会主义进入新时代，大运河的保护利用和发展被提到了空前的国家战略高度，作为中华民族流淌了千百年的一条血脉开始焕发了新生。

第一节 运河文化是文化旅游发展的核心主题

文化是一个城市的基础和灵魂。黄河文化与运河文化构成了德州文化的主脉。研究德州文化旅游的发展，必须立足德州发展的文化传统土壤，深入研究德州发展的文化根脉。

距今4500多年的龙山文化是当今德州文化的根脉，几千年来，德州市凭借其深厚的文脉资源、独特的区位条件、丰富的文化交织，演变成一座亟待深入开发的文化资源矿藏。如果要探求影响德州发展的历史文化因素，那么上古和中古的黄河农业文明、明清以后因运河漕运而兴起的商业文明是不可或缺的。黄河对于德州最大的恩赐当属黄河故道古桑树群、乐陵金丝小枣生态林和齐河黄河国际生态城。位于夏津的3万余株古桑树群落，5000多亩的黄河故道森林公园，是德州乃至山东独一无二的宝贵资源[①]。乐陵百万亩金丝小枣生态林，是黄河新生地对德州的无私回馈。位于黄河北畔的黄河生态城，是在黄河展宽区基础上发展起来的现代新城。另外还有禹城的大禹文化旅游景区、临邑的红塔寺生态槐林景区，无不深深的打上黄河的文化烙印，黄河文化与文化旅游发展交相辉映，开创文化传承新境界。

反观运河对于德州的影响，明清以来运河漕运为德州带来了长达数百年的繁荣与荣耀，深刻地影响了人们的思想观念，形成了与运河息息相关、代代传承的民俗民风，成为根植于内心的运河文化基因[②]。从影响的范围来看，德州市的主城区、武城县、夏津县是核心区域，平原县、宁津县、庆云县属于影响较大的区域，占到全市绝大部分区域。从德州市的物质文化遗产分布来看，运河沿线有着非常丰富的古文物、古建筑、古遗迹等遗产资源，以及与运河息息相关的城镇、村落、街巷、店铺、庙宇等重要生活场所。所有这些基本都紧邻河道、码头、船闸、堤坝、桥梁、窑址等，彰显了德州的运河文化内涵与属性。据粗略统计，从德州市德城区的胜利桥经迎宾路到小锅市区段，

---

① 闵庆文；王斌；才玉璞等：《山东夏津黄河故道古桑树群》，中国农业出版社2017年版。
② 杨东篱、刘彤：《论山东大运河儒家文化遗产的活态审美开发》，《中原文化研究》2022年第3期。

不足 2000 米的距离,共有 30 个有明确记载的文化节点。在大概 5 华里的北厂区段,就有沉船、粥厂等 6 处遗址,老奶奶庙、大王庙等 13 处庙宇。因此从文化的内涵、密度、强度以及覆盖范围上看,德州的运河文化当属主流文化,文化发展的根与魂要定位到运河文化上。也就是说,只有立足于运河文化推动运河文化与黄河文化、红色文化、汉唐文化等多元文化深度融合,才能够充分彰显德州千百年来所积淀成的文化特征。因此要坚定不移地围绕运河文化主题,坚定不移地打造"大运河历史文化城市"。

文化旅游是运河城市发展的重点。纵观国内外运河城市的发展历程,存在许多非常典型的案例。加拿大里多运河始建于 1862 年,全长 202 公里,该运河经历了从军事转为商用运输、继而转为文化旅游功能的变迁。美国的伊利运河是世界上第二长运河,全长 584 公里,是连接北美五大湖与纽约市,贯通美国东海岸与西部内陆区域的快速运输通道。目前已经建立伊利运河国家遗产廊道发展平台,对整个航道作为旅游目的地进行打造营销。而日本 1996 年建成博多运河城,依托日本福冈城市工业区,最大程度借景运河,植入音乐喷泉、夜间彩灯等商业元素,长期开展民间文化艺术展演活动,打造成为日本最成功的大型商业中心。位于大运河南首的杭州市,在运河风景区核心区域规划建设了"三大街区、四大园区"和博物馆群。将城市景观、文化遗产、公共空间、休憩场所、文化消费等有机融合,构成多元开放共享的文化旅游经济带。扬州市作为大运河原点城市、地理枢纽城市、世界运河之都,统筹河城景、文商旅、古与今、城与乡等多种因素,建成中国大运河博物馆,发展成中国大运河保护与利用的重要标杆城市。

以上运河城市的发展均立足自身的历史文化、优势资源，走出一条传承发展特色地域文化的路径。他们都从一定的高度，统筹保护和利用两大任务，充分挖掘和展现了传统文化遗产的历史价值、艺术价值和商业价值，实现了"个性化彰显、整体性协调、可持续发展"的目标[①②]。德州凭借特殊的地理优势，成为南北文化水乳交融的承接点和中转地，是大运河重要的节点城市，文化资源禀赋独特丰厚。但是就目前德州文化旅游的整体环境、基础设施以及民力财力来看，差异化发展路径成为时代要求。具体来说就是要发挥德州的文化优势、生态优势、通道优势等，规划建设以文化旅居运河、文创科技运河、生态田园运河、活力运动运河为主题的运河文化旅游经济带[③]。在建设发展的定位上，按照"保护与利用并重""投资与运营并重""借鉴与创新并重"的原则，坚持"布局大轮廓""勾勒粗线条""精雕关键点"的路径，共同推动德州文化和旅游高质量发展。

第二节　国家发展战略是文化旅游发展的历史机遇

当前我国经济社会发展已经迈入新阶段，传统产业增

---

① 侯兵、金阳、胡美娟：《空间生产视角下大运河文化遗产重生的过程与机制——以扬州运河三湾生态文化公园为例》，《经济地理》2022 年第 3 期。
② 杭侃：《文化遗产资源旅游活化与中国文化复兴》，《旅游学刊》2018 年第 9 期。
③ 鄢方卫、杨效忠、吕陈玲：《全域旅游背景下旅游廊道的发展特征及影响研究》，《旅游学刊》2017 年 11 期。

长动力减弱，新兴产业蓬勃发展。文化产业成为促进创新、提升消费的支柱产业成为国家发展重心之一[①]。党的十九大提出，要建设现代文化产业体系；国家"十四五"规划进一步将文化市场建设等相关内容提到了重要的位置。站在新的历史起点，德州文化旅游面临着难得的发展新机遇。一方面，国家文化和旅游产业发展总体形势不断趋好，人才、资本等要素越来越向文化旅游产业集聚，居民文化旅游消费不断提升，文化旅游产业市场环境日益优化。更为重要的一个方面是，国家京津冀协同发展、乡村振兴等战略给德州带来了前所未有的发展新动力，德州与先进文化旅游产业要素的对接更加便利，文化旅游产业发展的前景更加广阔[②]。

一 国家发展战略稳步实施，为德州迎来跨越式发展历史机遇

依托国家"京津冀协同发展""大运河国家文化公园""黄河流域生态保护和高质量发展"等重大发展战略，德州市迎来区域经济、文化格局重塑的战略历史机遇。特别是随着京津冀区域协同发展战略的实施，德州市成为山东省对接国家京津冀协同发展战略的桥头堡，承担着北京非首都功能疏解和对接雄安新区建设的重大任务。《京津冀协同发展规划纲要》明确提出了"支持山东德州建设京津冀产业承接、科技成果转化、优质农产品供应、劳动力输送基地和京津冀南部重要生态功能区"的重要内容。另外，大

[①] 周建新、朱政：《中国文化产业研究2021年度学术报告》，《深圳大学学报》（人文社会科学版）2022年第1期。

[②] 闫祥：《"十四五"时期文化和旅游的发展趋势与挑战》，《人文天下》2020年第23期。

运河国家文化公园、"一带一路"倡议、黄河流域生态保护和高质量发展战略、山东省新旧动能转换战略、西部经济隆起带战略和省会经济圈一体化发展战略等,为德州市运河文化旅游、黄河文化旅游、以文化和旅游业创新发展,以及实现动能转换、打造区域重点产业高地、共享区域发展红利指明了方向①。

从国家战略发展的原则来看,《中共中央国务院关于全面加强生态环境保护坚决打好污染防治攻坚战的意见》明确提出了"坚持保护优先"的基本原则,确定了"两山理论"的重要地位,将生态文明建设上升为国家战略。国家颁布的《乡村振兴战略规划(2018—2022年)》中,明确了乡村振兴的基本要求。随后,山东省制定的《山东省乡村振兴战略规划(2018—2022年)》,则进一步提出要打造"三生三美"融合发展的乡村振兴齐鲁样板。从以上政策的导向来看,国家战略的出台和实施为旅游文化产业保护生态、传承文明提供了政策保障和行动依循。

二 "十四五"发展规划实施,为德州文化旅游发展明确了方向

在发展体制上,国家文化和旅游部于2018年3月成立,随之地方各级政府重新组建了文化和旅游部门,并确定了"宜融则融、能融尽融""以文促旅、以旅彰文"的文旅发展总基调。随后,国家相继出台了《关于促进旅游演艺发展的指导意见》等重要文件,结合沿黄地区黄河文化传承与弘扬的工作,推动文化演艺首先与旅游景区形成

---

① 郝宪印、邵帅:《黄河流域生态保护和高质量发展的驱动逻辑与实现路径》,《山东社会科学》2022年第1期。

完美结合，统筹整合公共文化与旅游服务设施，革命文物保护和红色旅游开发纳入整体规划，并且将博物馆、美术馆、文物保护单位及非遗传习场所等纳入旅游线路，从而为文化和旅游融合发展方法途径提供了基本遵循。

文化旅游融合呈现出较为强劲的后发优势。国家文化和旅游部于2021年6月2日发布了《"十四五"文化和旅游发展规划》，其要求加快转变文化旅游发展方式、构建文化旅游发展新格局，要做好文化赋能、促进文旅消费市场拉动内需、合理促进国内国际双循环的正常运转、顺应文旅数字化发展趋势、创造更多优秀文艺和文化旅游产品，满足人民群众日益增长的美好生活追求。"十四五"是德州文化和旅游业迎来高质量发展的关键阶段，要积极推动文化和旅游业与国际国内广泛交流与合作。特别做好京津冀、山东省会、沿黄河、沿运河城市的协同交流，做到不同行业、不同领域、不同区域的资源共享与融合。近年来德州提出了"南融北接"的发展战略，其用意就是要积极做好与京津、济南的对接，打通文旅融合的新通道[①]。

三 乡村振兴战略全面实施，为文化旅游发展拓宽了广阔的载体空间

党的十九大报告提出实施乡村振兴战略，并在《乡村振兴战略规划（2018—2022年）》中明确了乡村振兴的基本要求，习近平总书记在2018年3月提出山东要打造"乡村振兴的齐鲁样板"。同年山东省制定了《山东省乡村振兴战略规划（2018—2022年）》，进一步明确要打造"三生

---

① 傅才武：《论文化和旅游融合的内在逻辑》《武汉大学学报》（哲学社会科学版）2020年第2期。

三美"融合发展的乡村振兴齐鲁样板。所有这些战略的实施，都为发展文化旅游产业提供了环境和载体保障。

德州市在2018年出台了《德州市在打造乡村振兴齐鲁样板中率先突破三年行动方案》，方案围绕"兴业""塑形""铸魂"主题做了整体发展的布局。截至2021年，德州市全市在乡村振兴方面培植了13个国家级"一村一品"示范村镇、2个乡村特色产业十亿元镇，在省级层面建设了18个"一村一品"示范村镇、101个乡土产业名品村。在此基础上，德州市还入选了省级的9个美丽村居试点和128个乡村示范村。发展"美丽庭院"示范户14.1万户、"洁净庭院"示范户12590户。乡村振兴的实施，使得农村产业、环境、素质得到优化提升，为文化旅游产业的高质量发展提供了广阔的空间平台[①]。

四 全域旅游的实施，为文化旅游产业转型升级、提质增效提供了重要途径

2018年颁布的《国务院办公厅关于促进全域旅游发展的指导意见》，正式提出了全域旅游的发展战略目标。根据《意见》精神，全域旅游就是把较大的区域范围按照旅游景区标准，以旅游业为优势产业，融入较多的功能元素，统一规划布局和打造旅游目的地。随着群众生活水平的日益提高，对旅游类型的需求越来越多元，对旅游便利性的要求越来越高。人们的旅游观念、行为方式也发生变化，开始向慢节奏、体验性、个性化转变。因此必须要加快旅游供给侧结构性改革，开发和培育一批新型的旅游业态和旅

[①] 陆林、任以胜、朱道才等：《乡村旅游引导乡村振兴的研究框架与展望》，《地理研究》2019年第1期。

游产品，推动粗放低效、自循环旅游产业向产业经济、精细高效、"旅游+"转变①。

2019年和2020年，齐河县分别被评为山东省首批省级全域旅游示范区和第二批国家全域旅游示范区。为德州进一步发展更大范围的全域旅游，从思维导向到行动方略提供了借鉴和参考。这就要求德州市的文化旅游企业要从自我运营、企业自治、单一景点建设向社会资源统筹共建、依法规范治理、综合体建设转变，进一步实现德州全域旅游多点开花，打造具有德州特色的全域旅游发展模式。

第三节　上位规划是文化旅游发展的基本遵循

一　全国大运河保护利用的总体基调

2019年中共中央、国务院发布实施的《大运河文化保护传承利用规划纲要》明确指出，应结合时代条件挖掘大运河的精神内涵，并进行继承和发扬，展现中华文化的时代风采。京杭大运河的里程、工程、存在时间在全世界范围内都居于首位，它的存在和发展有效促进了我国南北地区之间的经济、文化发展与交流，并且对沿河地区的农业发展发挥了巨大作用。

大运河从空间上贯通中国南北，从时空上联通了古代和现代。进入中国特色社会主义新时代，国家层面提出了大运河文化公园建设的命题，并且从文化、生态、旅游、

---

①　张辉、范梦余、王佳莹：《中国旅游40年治理体系的演变与再认识》，《旅游学刊》2019年第2期。

开放等方面明确了大运河文化旅游发展的基本定位,从历史、自然、世界、未来的高度,打造运河的"历史文脉""生态水脉""经济动脉"和"发展主脉",努力将大运河打造成为中华文化重要标志[1][2]。

二 大运河山东段功能定位和布局

2020年山东省人民政府办公厅印发的《山东省大运河文化保护传承利用实施规划的通知(鲁政办字〔2020〕44号)》,从整体上明确了大运河山东段的功能定位,细化分析了大运河山东段的文化交流互鉴功能、文化保护展示功能、生态文明建设功能、文化旅游融合功能。同时也确定了进一步打造"鲁风运河"文化品牌的基本目标,即到2025年在部分河段实现旅游通航,并改善旅游基础设施和公共服务保障能力,创建一系列大运河的文化旅游精品线路。

《山东省大运河文化保护传承利用实施规划的通知(鲁政办字〔2020〕44号)》也规划了大运河山东段的空间布局。大运河山东段的空间布局遵循重点突破、融合互动、整体推进的原则,加快布局大运河山东段的空间布局核心区,以核心区带动拓展区和辐射区建设,形成一核两翼的联动发展格局。从发展的方式上提出促进运河文化与旅游、运河故道与乡村旅游、文物保护与古城镇街区修复的三重融合发展。按照打造"鲁风运河"品牌的目标,实施规划

---

[1] 熊海峰、祁吟墨:《基于共生理论的文化和旅游融合发展策略研究——以大运河文化带建设为例》,《同济大学学报》(社会科学版)2020年第1期。
[2] 秦宗财:《大运河国家文化公园系统性建设的五个维度》,《南京社会科学》2022年第3期。

了跨区域旅游联动线路①。作为大运河山东段北首第一个核心区、大运河山东段五大区域之一的德州,在整体规划中被赋予了"尊重古运河原始自然风貌,建设运河自然风貌展示区"的差异化发展命题②。

表3-1　　　　大运河山东段主河道流经的县(市、区)

流经地级市	流经县(市、区)
德州市	德城县、武城县、夏津县
聊城市	临清市、茌平区、东昌府区、阳谷县
泰安市	东平县
济宁市	梁山县、汶上县、任城区、嘉祥县、鱼台县、微山县
枣庄市	滕州市、薛城区、峄城区、台儿庄区

资料来源:《山东省大运河文化保护传承利用实施规划》。

三　大运河德州段保护、利用及发展规划

德州市政府在2015年2月颁布了《关于进一步加强大运河(德州段)遗产保护管理和开发利用的通知》。其明确指出,要以《大运河山东省德州段遗产保护规划》为基础,以"美丽德州,生态运河"为落脚点,统筹运河流域内城乡建设、旅游发展、文化产业发展规划,在修复德州大运河原始生态景观和生态特色的同时,采用现代科学的手段有机融入德州本地物质、非物质文化遗产要素,实现"整体保护、整体展示、整体开发、整体利用"的规划目标。《通知》还结合德州段大运河遗产的特点,确定了

---

①　邹统钎、韩全、秦静:《"千年运河"品牌基因谱系识别与空间分异研究》,《地理研究》2022年第3期。
②　杨锐、赵岩、王俊杰等:《漂浮的公交绿岛:扬州古运河线性文化遗产的景观复兴策略》,《城市发展研究》2011年第9期。

"一线三段一点"的南运河德州段开发利用思路，串联四女寺枢纽船闸、德州码头（仓储、九龙湾公园）、南运河弯道、苏禄王墓等遗产资源，围绕科技、文化、生态运河的建设目标，以南运河德州段为核心，逐步建设大运河遗产保护展示工程和大运河世界文化遗产公园项目[①]。

近年来德州市先后编制了《德州市文化产业发展规划》《德州市主城区文化产业发展规划》《德州市"十四五"文化旅游融合发展规划》，将大运河德州段的文化旅游融合发展列到了重要的议事日程。特别是2020年以来，德州市委市政府把推动大运河文化旅游融合高质量发展，作为统筹全市文化和旅游健康快速发展的重要抓手，专门组织编制了《大运河（德州段）文化和旅游融合发展规划》《大运河德州段保护利用总体规划及重点地区城市更新规划设计》《大运河德州城区段更新规划与重要节点详细设计》，成立了大运河文化保护与旅游发展工作指挥部，成立了工作专班实施了挂图作战，从而开启了大运河文化旅游融合发展新的篇章。

第四节 可持续发展是文化旅游发展的核心要义

一 正确处理保护与发展的关系问题

文化旅游发展的灵魂是文化。没有文化的传承就没有

---

① 李飞、邹统钎：《论国家文化公园：逻辑、源流、意蕴》，《旅游学刊》2021年第1期。

文化旅游产业的内生动力和人们内心广泛的认同。也就是说，过去的农耕、建筑、商贸活动，由于有了人们的主观参与，经过时间的浸润，逐渐形成可传承、被认同的农耕、建筑、商贸文化。现在的经济建设、城市建设、文化旅游建设，也必将成为传承未来的文化因素①。因此，处理好保护与发展关系体现了可持续发展的重要思想，不但是对过往历史和当下个体的负责，更是产业发展能够行稳致远的重要因素。

中国大运河是世界级的文化遗产，而大运河德州段是其重要组成部分，有着非常丰富的文化资源。但是这些文化资源是不可再生的，因此需要进一步地合理保护。在文化资源利用方面，兼顾资源保护与文旅发展是一项重大课题。目前德州在大运河遗产保护方面，尚属于比较简单粗放的传统方式。在利用和发展方面，文化资源还没有转换为文化项目、文化产品，没有实现传统文化资源与现代文化旅游产业的融合发展。与京杭大运河杭州景区、扬州大运河文化旅游区、台儿庄古城景区等项目相比较，在保护手段、视觉感受、文化体验等方面有明显差距。亟须对现代文化资源开发利用的商业模式进行探讨，发展一批具有标志性的文旅项目，撬动大运河文化经济带和大运河国家文化公园的发展②。

那么作为世界文化遗产项目，如何采取切实有效的措施保护好运河文化遗产，让运河遗产释放出应有的文化价

---

① 张立明：《运河文物资源集中展示利用的思考——以南运河德州主城区段为例》，《中国民族博览》2020 年第 14 期。

② 孙久文、易淑昶：《大运河文化带城市综合承载力评价与时空分异》，《经济地理》2020 年第 7 期。

值，让运河文化遗产在传承中得到发展，在发展中植入内生动力得以长足永续发展，是摆在德州运河保护发展面前的一个重要课题[①]，解决这个课题要首先处理好运河文化遗产保护与发展的关系。

一是以发展的思维做好保护工作的顶层设计。为保护而保护不但打不开工作格局，而且往往陷入走投无路的尴尬局面。因此要想真正做好有格局、有未来的保护工作，必须跳出就保护而保护的小圈子，以着眼当下和未来发展的思维，做好顶层设计，综合考虑文物保护、产业发展、旅游线路、运河复航问题，将运河保护纳入德州乃至全国铁路、公路、河流等整体发展规划，为德州未来文化旅游产业发展与京津冀、渤海圈、大京沪做好内容和空间的衔接[②]。

二是以活化的手段释放德州运河文化建设的能量。运河文化建设是一个系统性大工程，不可能各个层面的工作同时推进、一蹴而就。因此要寻求最有爆发力、最有价值、最容易成功的突破口，把运河文化建设的这池春水搅动起来。要瞄准运河文化的核心要素，组织力量对德州运河文化进行深度挖掘，充分释放现代文化创新动力，活化德州大运河具有深厚底蕴的文化元素[③]。聚焦董子文化在大运河沿线和德州、山东乃至全国的影响力，着重塑造德州儒家文化的人文形象；聚焦德州黑陶、德州红绿彩、德州扒鸡

---

① 杨东篱、刘彤：《论山东大运河儒家文化遗产的活态审美开发》，《中原文化研究》2022年第3期。

② 刘治彦：《文旅融合发展：理论、实践与未来方向》，《人民论坛·学术前沿》2019年第16期。

③ 张定青、王海荣、曹象明：《我国遗产廊道研究进展》，《城市发展研究》2016年第5期。

等地方物产，重塑"德州三宝"风物形象，打造德州文化产品品牌；通过专家论证、创作作品、举办活动等形式，讲好德州运河文化故事、提升德州运河在大运河的地位、放大德州运河区域文化的独特性，以品牌带动的手段促进德州运河文化的传承和发展[1]。

三是以生态发展的目标统领文化旅游产业发展方向。充分考虑保护主体的体量、高度和色彩风格，定义文化旅游产业发展的空间载体和风格协调一致性[2]。生态的内涵一方面是指绿色植被的环境，要最大程度保护现有植被的物种、风格、形态，确保让受众感受到不同于繁华城市、不同于野郊田园、具有浓郁人文气息的生态风貌。公共设施、交通及休闲路径非必要不做城市风格的覆盖，要尽可能还原古朴乡村的路径、色彩风格，最大程度突出河道、绿色主题，创设具有古道、长亭情怀的人文场景。生态的内涵另一方面是生活的生态，就是对河道畔边原有的村庄、生产生活的形态做到最大程度的保护保留，让"乡愁"成为运河发散力建设的文化原动力。立足生态发展的目标，在文化和旅游产业发展上要采取加减法的做法，增加生态人文的元素，减去有碍情怀、观瞻的元素，把运河河道区段养成具有较强引力的人文桃源世界，打造成德州大运河主题公园的核心资源[3]。

---

[1] 朱永杰、王亚男：《运河对北京城市空间结构的影响研究——兼论运河文化带保护和建设策略》，《城市发展研究》2019年第12期。

[2] 张永虎、胡洪泉：《京杭运河体育文化建设路径研究》，《武汉体育学院学报》2017年第4期。

[3] 张飞、杨林生、何勋等：《大运河遗产河道游憩利用适宜性评价》，《地理科学》2020年第7期。

二 正确面对文化旅游产业发展实际的问题

大运河文化旅游发展存在许多需要进一步完善的方面。一是德州市主城区文化旅游产业首位度不高的问题。德州主城区作为产业发展的核心区域，文化旅游产业空间的集聚效应和区域带动作用还不明显。文化旅游产业总体呈现小、弱、散的局面，主城区文化企业数量与周边各县大致相当，文化旅游产业布局总体上是一种自然零散分布的态势。在主城区由于文化创意产业、区域会展服务业、新媒体和数字内容等产业，一直以来没有受到较大关注，因此发展比较缓慢。同时从政府层面没有出台支持文化旅游产业的有力措施，文化旅游业态没有足够的发展空间，文化产业孵化器与创客空间缺失等问题也是非常重要的因素。[①]

二是国土空间规划对项目用地有着较大的约束。2019年《中共中央国务院关于建立国土空间规划体系并监督实施的若干意见》提出了"多规合一"的要求，"多规"包括土地利用规划、主体功能区规划、城乡规划等，要将它们融合为国土空间规划，对其他各专项规划具有指导和约束作用。《中共中央国务院关于建立国土空间规划体系并监督实施的若干意见》还划定了"三线"，即生态保护红线、永久基本农田边界、城镇开发边界，在这一层面强化了底线约束，为可持续发展预留空间。文件规定发挥国土空间规划的空间性指导和约束作用，文化和旅游相关的专项规划要以国土空间规划为基础，不得与国土空间规划的刚性指标相背离，文化和旅游相关专项规划的主要内容要纳入

[①] 王志飞、梁晓林、李亚文：《文旅融合背景下山东德州旅游产业和红色文化融合发展研究》，《中国商论》2022年第9期。

详细规划。国土空间规划"一张蓝图干到底",对项目用地的约束为文旅项目布局带来挑战[①]。

三是运河功能严重缺失的问题。运河之所以称为运河,是因为其承担了水上运输的功能。20世纪70年代,大运河德州段因航运水资源缺失而停航,至今未能够恢复通航。即便有了南水北调工程,水体也受到严格监管,"运"的元素严重缺失。

四是算好文化旅游产业项目投资账的问题。文旅产业的特点是投资大、见效慢,特别是许多古城、古街项目,建设之初红红火火,时间一长便暴露出诸多问题。目前全国此类项目有14000多家,真正成活并产生良好效益的则凤毛麟角。此外,德州市的许多古街、古巷同样存在着严重的发展问题。因此算好投资账是解决文化旅游项目长足发展的首要问题[②]。

表3-2　　　　　大运河(德州段)发展存在的问题

问题	问题详情
开发与保护的矛盾关系	大运河德州段文物保护存在碎片化现象,遗产考古挖掘与文物修复工作存在不足,运河文化旅游势必面临开发与保护之间的矛盾关系
利用模式较为传统	大运河德州段传承利用模式较为传统,文旅融合存在文化展示手段不够丰富、旅游体验一般、经济效益不突出等问题
"运河"功能缺失问题	清代末期,海运兴起,漕运的功能弱化,大运河的"运"功能逐渐边缘化,随着南水北调工程的开展,大运河德州段作为通水河道受到严格监管,"运"元素严重缺乏

---

① 朱鹤、张圆刚、林明水等:《国土空间优化背景下文旅产业高质量发展:特征、认识与关键问题》,《经济地理》2021年第3期。

② 陈玉玲、张淑红:《浅析大运河文化带德州段的文化特征及建设方向》,《济宁学院学报》2022年第1期。

续表

问题	问题详情
文化旅游竞争加剧	大运河沿线省份、城市纷纷出台促进大运河文化旅游发展的政策措施，处于大运河起点、终点的北京市、杭州市、扬州市更是走在文旅利用的前列，大运河沿线城市一大批大运河文旅融合项目推向市场
产业融合不够深广	大运河德州段南运河段作为世界文化遗产保护范围，目前以保护传承为主，文旅开发和综合利用较少；大运河卫运河段资源价值相对较弱，未能充分利用沿线的城乡风貌与田园风情进行联动开发
缺乏有吸引力的文旅项目	较之京杭大运河杭州景区、台儿庄古城、扬州中国大运河博物馆、苏州平江路、天津杨柳青等项目，大运河德州段至今缺乏具有广泛吸引力和强势品牌力的大型文化旅游项目，缺乏城市休闲和主题度假产品

资料来源：作者自制。

三 充分发挥现代科学技术作用的问题

科学技术每一次大的进步，都会公平地让人们站到同一个新的起点，从而为"奋进赶超""弯道超车"创造了良好机会。"互联网+""5G+""大数据+"具有极大的开放性和包容性。越来越多的企业、组织、个体通过互联网新技术连接在一起，这使得文化旅游产业的发展能够超越地域空间的限制，在更广阔的范围内配置资源、拓展渠道。在"5G""大数据"高速发展的背景下，新闻出版、广播电视等行业发生了颠覆性的变革，极大影响了文化旅游产品和服务的表现形式与消费观念[①]。文化旅游产业的生产方式也正在深刻改变，个人和小微文创企业利用互联网平台进行创意创业，已经成为不可逆转的发展趋势。目前虚拟现实（VR）、现实增强（AR）、人工智能（AI）等技术对文化休闲娱乐、广告会展、影视动漫网游等产业带来机遇

---

① 杨晓光：《关于文化消费的理论探讨》，《山东社会科学》2006 年第 3 期。

与挑战。顺应技术进步的趋势，不断创新文化旅游产业形态，充分利用新技术更好地发掘和展现传统文化资源，是德州未来文化旅游产业发展必须顺应的大势[1]。

对后发地区而言，"互联网+"给文化产业发展带来新的增长点。一方面，要推动后发地区通过互联网平台配置要素资源。后发地区发展文化旅游产业面临的资金、人才、技术限制，都能通过互联网平台得到有效解决。互联网对创意者、创客文化、智力资源的整合和放大作用日益凸显，对技术研发和应用的推动效应，加上众筹、股权投资等互联网金融平台的崛起，将有效缓解文化旅游产业面临的要素瓶颈[2]。另一方面，基于"互联网+"的电商平台能够极大提高文化旅游消费。互联网已经广泛应用到文化旅游生活的方方面面，文化企业通过与互联网技术结合、与电商合作，从而实现线上线下的多渠道营销，开展网络购票、网络预约预览，改变了传统文旅产品的组织形式、商业模式和传播途径，居民文化消费意愿不断被激发，为后发地区的文化企业发展提供新动力[3]。

---

[1] 周笑盈、魏大威：《文化科技融合背景下传统文化传承的实践与特征》，《数字图书馆论坛》2020年第8期。

[2] 胡惠林：《关于文化产业发展若干问题的思考》，《华中师范大学学报》（人文社会科学版）2016年第6期。

[3] 赵彦云、余毅、马文涛：《中国文化产业竞争力评价和分析》，《中国人民大学学报》2006年第4期。

第四章　大运河德州段文化旅游发展总体思路

　　方向永远比努力更重要。基于德州历史文化、文化旅游的发展条件，以及大运河文化旅游发展的政策背景，进一步明确大运河德州段文化旅游发展的基本原则、战略定位、实施路径、发展目标，是实施大运河文化旅游发展规划研究的重要前提和关键所在。如果说基本原则为大运河文化旅游描绘了一个定性的发展边界的话，那么战略定位就是在这个时间空间内锁定了一个到若干个重要的支撑点位，这些点位的存在和发散撑起了整个规划研究的高度和宽度。而实施路径便是在这个特定的时空范围内，紧紧围绕发展规划所解析出来的必要路径和手段。正是这些必要的、可操作的、接地气的路径、手段，才是让规划愿景付诸实施、让宏伟理想变为现实的真正王道。同样通过以上的思维和逻辑方法，制定出既有理论实践基础支持，又有激励和挑战并存；既有定性又有定量的发展目标，从而让大运河德州段的文化旅游发展规划设想变得真实可信、触手可得。具体来说，从发展的理念上，始终坚持创新、协调、绿色、开放、共享五大新发展理念，让大运河德州段文化旅游发展成为文化传承、生态文明、共建共享的时代典范。从发展的原则和遵循上，坚决贯彻《长城、大运河、

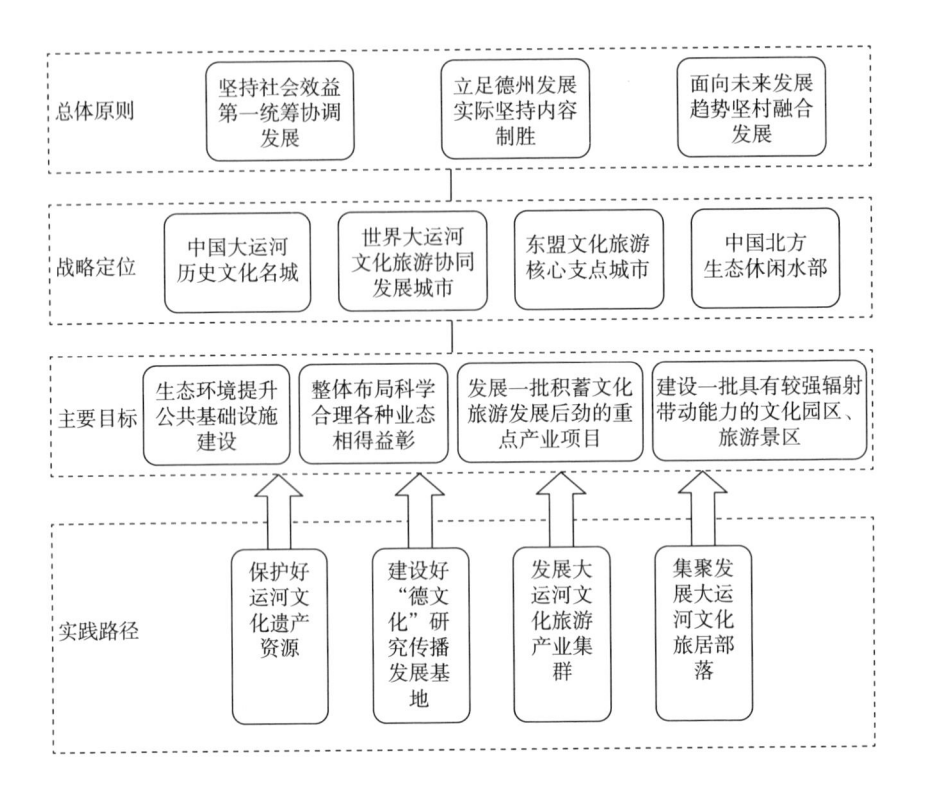

图 4-1　大运河德州段文化旅游发展思路

资料来源：作者自绘。

长征国家文化公园建设方案》《大运河文化保护传承利用规划纲要》《大运河文化和旅游融合发展规划》，以及文化和旅游部《"十四五"文化和旅游发展规划》《山东省大运河国家文化公园建设保护规划》《德州市十四五文化旅游发展规划》的原则精神，坚持生态保护和高质量发展要求，坚持把社会效益放在首位、实现社会效益与经济效益的统一，推动德州大运河文化创造性转化、创新性发展。从发展的定位和方式上，坚持高点定位统筹谋划。高点定位就是站在大运河国家战略的高度、运河沿线文化旅游整体发展的角度，以及广大人民群众对运河文化旅游未来发展期盼的热切程度，较为科学精准地谋划具有德州资源优势、差异化特色和成长动力的发展方位。本书将从德州与大运河沿线城市、京津冀城市群、山东省会城市群一体化协同发展，与东盟国家和对标城市南宁深入合作，推进德州大运河文化旅游全方位、深层次、宽领域融合，打造德州新时代生态运河、文化运河、经济运河知名品牌的方面，为大运河文化旅游发展规划探索德州模式、贡献德州力量。

第一节 大运河保护利用和发展的总体原则

一 坚持社会效益第一，统筹协调发展的原则

大运河作为千百年来贯通中国南北、拉动经济发展的国家命脉，承载了中华民族生生不息、勇于奋斗、开拓创新的民族精神。保护好大运河文化遗产、传承好大运河文化精神显得尤其重要。然而从另一个方面来看，运河的运输功能已经远远没有了当年的重要性和必要性，作为经济命脉的发展拉动效应也已经基本丧失。也就是说作为千百年来大运河的经济属性已经不再具有。因此，大运河对于我们最大的意义就是他的社会性，是大运河对于中华民族文化基因、精神血脉的传承性。正是基于这方面的考虑，我们才从国家战略的高度深入挖掘大运河的文化内涵，将大运河的文化精髓融入时代的发展精神，从而赋予大运河新的历史文化使命和文化旅游发展的时代命题。而文化旅游发展的时代命题就是立足大运

河的文化资源条件，以文化旅游为主要载体，统筹发展大运河各种设施功能、产业形态、项目规划的发展。

根据以上思考，大运河文化旅游发展应该遵循以下原则。一是坚持正确导向、以人为本的原则，这是大运河保护利用的基本法则。要以社会主义核心价值观为引领，始终把社会效益放在第一位，坚持发展以人民为中心，坚定文化自信，传承中华文明与优秀传统文化。要鼓励动员人民群众广泛参与文化建设，支持和引导广大人民群众创作内容积极向上、通俗易懂、群众喜闻乐见的精品力作，从而满足人民群众多样化精神文化需求，提高人民群众的生活品质。二是坚持政府引导、企业主导的原则。就是在具体实施的层面推进文化旅游领域的简政放权，发挥政府在战略、政策层面引导功能的前提下，以国有资本、基金等市场方式实现资金、人才、资源、空间各要素之间的合理配置，激发市场活力，提升社会创新能力[1]。这样做的最大优势就是能够充分发挥企业在活跃文化旅游市场、激发产业活力、推动文化创新、增加社会就业、丰富文化供给、满足人民精神文化需求等方面的积极作用。也就是让国有市场主体主导大运河文化旅游未来的发展，并将其打造为推动德州文化旅游产业发展的重要力量。三是坚持统筹谋划、分类指导的原则，将文化旅游产业发展作为全局工作的重中之重。坚持走特色化和差异化发展道路，明确文化旅游产业发展重点，着力培育若干具有关键作用和明显成效的产业。加强对文化产业不同

---

[1] 魏慧、赵文武、张骁等：《基于土地利用变化的区域生态系统服务价值评价——以山东省德州市为例》，《生态学报》2017年第11期。

行业特点和规律的把握，制定科学合理的支持政策和发展目标。从发展方式上实施差异化区域文化旅游产业发展战略。从发展的统筹上，以各区县的资源禀赋和发展基础为标准进行分类指导，允许各区县探索独具特色的产业结构和发展模式，努力形成区县优势互补、相互拉动、共同发展的局面。从空间载体建设上，引导文化旅游企业向重点园区和基地集聚，在各园区形成以主导产业为核心、上下游企业和相关服务机构为补充的集聚发展态势，增强企业之间的关联度，形成若干个具有全省竞争力的文化旅游产业集群。四是坚持创新引领、融合推进的原则。创新引领就是用先进的思维方式、管理方式、发展方式引领区域发展。创新思维方式，就是以市场思维激发创意活力，以底线思维保证文化旅游产品质量；创新管理方式，就是强化政策环境、服务环境、要素环境、法治环境等支撑；创新发展方式，就是以创意和创新提升文化旅游产业竞争力。融合推进，就是推动"文化+""旅游+"跨产业融合，推动文化、旅游对制造、建筑、信息、农业、体育、消费品工业等产业领域的带动支持作用，构建"文化+""旅游+"产业体系，以文化的价值提升相关产业产品和服务的附加值。

二 立足德州发展实际，坚持内容制胜原则

任何事物的发展，都有其与生俱来的原生环境以及由此而发展壮大的成长因素。目前大运河丰富的文化遗产，是大运河文化旅游发展的基本条件，大运河内在的文化内涵是其旅游发展的成长因子。京杭大运河纵贯德州，赋予了德州丰厚的文化遗产。对于德州市的主城区而言，

坐拥北起冀鲁交界的二屯镇第三店、南至四女寺水利枢纽，全长45公里的运河河段①。沿线分布了古隋运河河道、苏禄王墓、三弯抵一闸、闸子滚水坝、北厂漕仓遗址、电厂机房旧址、德州码头、仓储建筑群以及窑上窑址、九龙湾、纪庄卢氏相府等众多文物保护遗址。这些文物保护遗址都经历了上千年的风雨历程，每一处遗址的背后都蕴含着可歌可泣的过往故事。每一段故事的里边都有一个时代人物，人物的身上也一定彰显着那个时代的主题、背景，凝聚了那个时代众多人物的命运。比如在德州主城区河段的古隋运河河道，是隋朝大业元年最早在德州凿空的运河，标志着德州在1200年以前城市发展的萌芽。位于德城区的苏禄王墓，是国家级重点文物保护单位。诉说的是明朝永乐年间菲律宾群岛上的古苏禄国东王来华觐见，由运河归程途中客死他乡而葬于德州，进而东王后裔守灵部落成为德州大家庭的一员的动人故事。故事的背后揭示的是在600多年前中国以厚往薄来、怀柔远人、万国臣服的大背景下，德州厚重与包容的博大胸怀，是德州大运河文化旅游可利用的重要资源。另外，源于运河红胶泥的德州黑陶、发端于宋金运河时期德州窑的红绿彩、标志着德州作为天下粮仓的仓储建筑群等等，都是遗存着大运河文化血脉而属于德州的宝贵财富。所有这些历史文化遗存，以及现代文化旅游产业发展成果，就是发展文化旅游产业最大的实际

---

① 张缨、周家权、孙振江：《水利工程文化遗产的保护与开发探讨——以京杭运河德州段为例》，《中国水利》2016年第6期。

和证明①。

要做好大运河文化旅游融合发展的文章,就要立足这些历经千年而传承的文化基因,打造德州具有独特运河文化内涵的文化IP,发展有内容支撑、广泛认同的文化旅游项目。具体来讲就是要聚焦董子文化、黑陶文化等,开发具有独特德州IP的文化旅游产品,讲述德州故事、弘扬德州文化,推动德州现代文化旅游发展。比如讲述西汉大儒董仲舒在德州学习讲学的故事,将董仲舒少年时期在德州"三年不窥园"的故事、董仲舒向汉武帝建言三策的史实、后人建设董子读书台纪念董子、文人墨客登台赋诗凭吊董子的文化现象,与德州文化发展的重大成就相关联,创作董子文化主题的文学、影视、动漫、美术作品,开发生产以少年董子、天人三策、董子读书台为题材的文创衍生品,开展以学子拜董、文人祭董、人人尊董的修身礼仪活动。另外,有着中国北方都江堰之称的四女寺水利大闸、有着九达天衢神京门户的德州古驿道也都将在德州运河的水工文化、交通文化方面有着非常丰富的故事内容。总之,无论是打造文化IP、还是讲述德州故事,都要从德州的实际出发,让德州百姓一看一听就有非常强烈的认同感,让德州以外的受众看到听到就有非常强的识别度。要做好这方面的事情就得建立经济、简约、得体的文化旅游发展平台,从小事做起,从容易做的事情做起,久久为功,让德州运河在运河沿线城市中成为有内容、有品位、有影响力的运河文

---

① 崔玉珍、李志超:《后申遗时代的大运河德州段保护开发利用》,《人文天下》2019年第14期。

化旅游品牌。

三　面向未来发展趋势，坚持融合发展原则

随着经济社会和文化科技的高速发展，文化旅游领域不断涌现出新的跨界融合的新业态、新方式。面对文化旅游未来的发展大趋势，大运河文化旅游必须立足融合发展的理念，融合乡村振兴、城市治理、交通建设、文艺创作、影视发展等方面的文化科技元素，建设符合时代潮流、推动可持续发展的大运河文化旅游发展体系。关于文化旅游融合发展问题，是一个长久以来的发展瓶颈问题。这里的融合首先是体制机制的融合，随着国家文化和旅游部门的改革，文化旅游融合成为一个热议话题。目前，国家文化和旅游部于2021年6月2日印发《"十四五"文化和旅游发展规划》。其中最大的亮点就是文旅融合，坚持以文塑旅、以旅彰文，推动文化和旅游深层次融合、创新性发展。由于机制上的融合必然会导致各个方面发展的加速，其中最为关键的在于业态、产品以及市场的融合。这就要求我们要推进旅游演艺、特色文化遗产旅游、文化主题酒店、特色节庆活动等融合升级，建设一批集文化创意、旅游休闲为一体的文化综合体，而后在此基础上结合地方特色进行创新。

当前社会经济发展的速度有所放缓，但是稳中向好的基本面是没有改变的。特别是文化旅游与农、工、商、现代科技等方面的跨界融合发展势头迅猛，"文旅+"战略将成为产业融合的主要趋势。文化和旅游业与关联行业相互依存、互相拉动，"文旅+"理念将扭转过去的观念并萌生新的价值目标，即文化事业、文物保护和旅游产业融合其

他关联行业构建跨行业的产业共同体①。在贯彻大运河文化旅游产业国家发展战略方面，要顺应时代发展而积极作为。具体来讲就是在大运河文化旅游发展上，坚持"宜融则融、能融尽融，以文促旅、以旅彰文"的思路，以德州主城区的政治、经济、文化中心优势为依托，实现"文化+旅游"的深度融合，打造一批业态多元、特色鲜明的文旅新产品，呈现蓬勃生机、繁荣向上的新业态②。2022年6月举办的山东省旅游发展大会提出，要进一步做好文化旅游融合发展文章，实现文化旅游健康快速发展的目标要求。从贯彻落实这次旅游发展大会的精神上来看，德州策划组织了"大运河国家文化公园（德州）论坛暨沿线城市手造展"活动，邀请故宫博物院原院长、中国文物学会会长单霁翔，国际古迹遗址理事会文化景观委员会委员、国际工业遗产委员会成员、国际博物馆协会成员、国家文物局专家库（古遗址类）专家张谨，中国工程院院士，中国建筑设计研究院有限公司名誉院长、总建筑师崔愷，扬州市政协主席、世界运河历史文化城市合作组织第四届理事会主席陈扬等权威专家，就探索如何实现大运河德州段文化旅游融合发展"华山论剑"。旨在借助这次全省旅游发展大会的东风，努力建设大运河国家文化公园、建成大运河文化旅游产业融合发展示范区，实现文旅产业高质量创新性发展③。

---

① 吴育华、侯妙乐、石力文：《文物古迹监测中空间信息技术应用的要点分析及实践探索》，《地理信息世界》2018年第5期。
② 李凤亮、杨辉：《文化科技融合背景下新型旅游业态的新发展》，《同济大学学报》（社会科学版）2021年第1期。
③ 刘安乐、杨承玥、明庆忠等：《中国文化产业与旅游产业协调态势及其驱动力》，《经济地理》2020年第6期。

第二节 文化旅游发展的战略定位

一 建设中国大运河历史文化名城

历史文化名城是什么样的城市，顾名思义就是在历史上非常出名的城市。严谨一些，是那些在历史上因为有着深厚的文化底蕴或者因为发生过重大历史事件而青史留名的城市。1982年2月我国正式提出了"历史文化名城"的概念，国务院公布了首批24个有重大历史价值和革命意义的城市。截至2022年1月11日，已经有140座城市列为国家历史文化名城。从这些城市来看大都是曾经在古代政治、经济、文化中心或近代革命运动和重大历史事件发生地的重要城市。德州作为有着丰富文化遗存、曾经跻身全国重要的33个工商城市的运河重镇，具有创建中国大运河历史文化名城的基础条件和文化内涵。创建大运河历史文化名城，就是要按照国家、省、市赋予大运河德州段保护传承的总体定位，从文化遗产保护、活化非遗文化元素、恢复城市历史记忆、弘扬大运河优秀传统文化等方面开展工作。积极开展城市运河文化元素的挖掘、梳理、提升工作，构建以大运河物质文化遗产为依托、优秀传统文化为灵魂、现代城市文化为脉络的运河文化发展体系[①]。以讲好运河城市发展文化故事为统领，丰富创新运河城市文化表达形式，打造中国大运河保护传承示范区，将德州建设成

---

① 张希月、虞虎、陈田等：《非物质文化遗产资源旅游开发价值评价体系与应用——以苏州市为例》，《地理科学进展》2016年第8期。

为大运河历史文化名城[1][2]。

二 建设世界大运河文化旅游协同发展城市

从世界范围来看，随着科学技术和现代交通的迅速发展，城市之间的交流越来越密切。其中表现最为明显的就是文化旅游的发展，人们越来越追求民族的、区域的、有特色、有个性的城市。从这个层面来看，德州作为一直以来关注度较低的城市，会越来越多的获得被关注、被追捧的机会。因此，德州需要保持住自己的个性和不同于其他城市的差异性。那么怎样才能够做好自己、受到重视呢，那就得把德州放到大运河沿线城市之中，放到一带一路沿线城市之中，放到世界运河城市之中，提高德州发展的顶点、放大德州的优势，让德州成为诸多城市中别具一格、不可或缺的一员，融入和其他城市有差异化的发展链条中，从而在这个链条中实现德州的自身价值。如此来看，就得依托京杭大运河德州段世界文化遗产，发展具有德州元素和特色的文化旅游载体、平台和项目，形成德州的大运河文化旅游产品体系。与中国大运河沿线城市、世界运河文化旅游城市开展合作交流，融入国际国内多元文化元素，以产业的视角、运营的思维、共建共享的手段，发展具有国际视野的大运河现代文化旅游产业。在现代文化旅游产业发展方面，充分发挥德州区位交通优势，建设完善文化商贸会展等基础设施，以文化旅游消费为导向，以集聚区域古玩艺术品、文化创意产品、文化演艺产品以及特色美

---

[1] 梁晓琳：《运河德州段文化公园建设思考》，《黑龙江科学》2020年第16期。
[2] 吴必虎：《中国旅游发展笔谈——文化遗产旅游活化与传统文化复兴》，《旅游学刊》2018年第9期。

食为突破口，与国际国内运河城市开展交流合作与文明互鉴，将德州建设成立足京津冀、辐射大京沪、具有国际性的文化会展中心、古玩艺术中心、学术交流中心，打造以世界运河文化交流合作为主题的世界大运河文化旅游协同发展中心城市。

三 建设中国北方生态休闲水郡

从历史的角度来看德州，德州曾经是山东乃至全国的产粮产棉城市。正是德州农业的高度发展，导致了德州近几十年来工业企业的长期滞后。但是这从客观上为德州保持了最大程度的良好生态，为发展需要良好生态空间条件的文化旅游产业提供了最大的可能性。从这点上来说，必须树立正确的资源观。也就是说，目前德州的农业绿色发展空间大、工业企业体量小就是最大的资源优势，这个优势是目前的工业重镇所不具备的。但是，如果不把这些当作优势，而是亦步亦趋追求成功的工业重镇的做法发展大工业的话，就是舍弃了目前的优势而去追逐落后很多、很难成功的目标。到头来或许像是邯郸学步一样，想学的没学成，自己本来的东西也丢了。因此，要珍惜目前所拥有的生态条件，发展能够大规模集聚人脉的休闲产业，建设京津冀乃至中国北方的休闲水郡。

建设中国北方休闲水郡，就是充分利用和发挥黄河、运河、减河、岔河与马颊河等在德州形成的良好生态优势、便利充沛的水资源条件，规划发展具有黄河农耕、运河民俗的旅居文化聚落。旅居文化聚落就是在现有条件比较好的中心城镇、自然村进行规划提升，营造具有良好人文气息的生活环境，为有志于文化旅居的人士提供一个对话古今、安放心灵的场所。在产业规划和人员集聚上，发展以现代生态农业、生态观光旅游、民宿美食为主要载体，以农事活动、文化演艺、健康养生和体育休闲运动为主要体验内容的产业形态，以热爱运河文化、董子儒家文化、农耕民俗文化以及具有文化情怀的群体为主要对象，集聚文化创客、艺术工匠、新农人、网红等主体，把大运河德州段建设成为具有广泛影响力的中国北方文化旅居中心。

四　建设东盟文化旅游核心支点城市

德州与东盟的交流源远流长。长眠于德州的古苏禄岛东王及其后裔们形成的守灵部落，成为中菲友好的象征。由此而开辟的德州与东盟各国的交流往来成为其合作与发展的重要基础。近年来德州与东盟国家从教育、商务开始到企业合作、打造产业园区，取得了重大突破。德州—东盟产业合作论坛、中国—东盟中小企业合作会议、首届"中国—东盟（德州）经贸洽谈会""德州—印尼投资贸易洽谈会"活动成为重要的合作交流品牌。马来西亚著名侨领丹斯里林玉唐先生，有感于德州的开放姿态和发展潜力，率东盟十国着力推动建设德州东盟国际生态城，打造东盟国家在北方内陆的新窗口。东盟国际生态城以东盟十国为文化背景，规划建设具异国风情的文化旅游、健康疗养、国际商贸新城。引领德州与东盟合作交流向纵深发展，将德州打造成东盟文化旅游为主题的核心支点城市。在具体的实施层面，首先发挥德州与东盟国家经济贸易与文化交流方面的优势，广泛学习借鉴南宁经验做法，在南部生态片区建设以东盟文化为主题的大型文化旅游项目。在项目建设上，一方面采取实景再现、情景交融、动感体验、沉浸互动为主的多种现代高科技主题公园形式，将东盟各国历史悠久的传奇故事、神奇美丽的艺术瑰宝、独具特色的风俗传统，与欣欣向荣的现代发展融合成为一幅优美壮丽的风光画卷[①]。另一方面项目力求将东盟自然景观、民俗风情、历史发展、人文艺术、名胜古迹等与德州及中国北方传统文化进行一个强烈地碰撞，让项目成为具有广泛影响力和示范带动性的发展典范，继而将德州打造成为山东乃至中国北方对接东盟文化旅游产业发展的核心支点城市。

第三节 大运河文化旅游发展的实施路径

一 保护好运河文化遗产资源

大运河作为纵贯中国南北的交通大动脉，为我们留下了非常丰富的文化遗产。这些文化遗产凝聚了我们祖先生生不息、勇于发展、开拓创新的不朽精神力量。保护好大运河文化遗产不单是历史赋予我们的使命和责任，而且是我们一代又一代必须长期坚守的时代命题。我们如何实施大运河文化遗产保护，是考量我们是否能够为祖先、为子孙交上一份合格答卷，让大运河文化遗产从我们手中得到有效保护的关键。根据国家文物工作"保护为主、抢救第一、合理利用、加强管理"的方针，保护运河文化遗产首要的就是采取科学的手段进行保护。

---

① 花建、陈清荷：《沉浸式体验：文化与科技融合的新业态》，《上海财经大学学报》2019年第5期。

就德州而言，首先就是以南运河、卫运河主河道和沿线遗产点为重点，实施运河文化遗址遗迹系统性保护工程。一是要认真研究和深入发掘大运河的历史文化内涵，落实大运河德州段保护规划，整理收集并完善大运河德州段分级分类的文化遗产名录。二是要在环境整治上建设完善仓储建筑群、运河码头、漕厂遗址等文物保护利用设施器材，构筑统一的文化遗产保护和展示标识系统。三是要在不改变原状、最低程度干预的前提下，对德州区段运河生态廊道、文化遗存进行科学整治修复。总的目标是借助历史文脉，将文物梳理修缮与文脉传承延续相结合，从单体修复转变为成线、连片、跨区的系统性修复。四是在推动遗址遗迹保护的方式上，要坚持贯彻系统保护理念，以尊重历史、保持原貌为基础，将德州运河文化元素进行整体策划和重新包装，形成德州市大运河"活态展示工程"[①]。

其次，活化保护非物质文化遗产。加快构建非物质文化遗产保护及传承体系，坚持非遗保护真实性、整体性和传承性有机统一，提升非遗保护传承水平[②]。一是要加大对德州运河文学艺术、传统工艺、地方戏曲、曲艺、民俗等非物质文化遗产的挖掘力度，对其进行整理编纂后积极申报国家级、省级以上非物质文化遗产项目；二是竭力振兴大运河德州段沿线传统工艺，实施非物质文化遗产振兴计划，为非遗传承人提供适宜的工作及生活环境，同时吸引更多人加入非遗项目传承工作的队伍；三是建设一批文化

---

① 范玉刚、许诗怡：《山东大运河的文化空间与场景塑造》，《中原文化研究》2022年第3期。

② 郝小梅、王琦、张震：《河北段大运河非遗文创产业助力乡村振兴策略研究》，《农村经济与科技》2022年第6期。

创意园区、工坊、非遗传习所、展示馆、体验馆等场馆、设施，集聚一批文化创客，活化发展以德州黑陶、剪纸、金丝贴、红绿彩等为代表的传统技艺；四是科技赋能非遗传承保护，提升非遗的数字化展示水平，将科学技术用于运河号子、旱船、跑驴等传统艺术，创作大型户外实景演艺，充分运用现代传媒手段，提升德州运河的品牌影响力，促进德州非遗产业项目集约化、规模化、专业化发展[1][2]。

第三，做好大运河文化展览展示。大运河德州段作为中国大运河重要的区段和节点，有着大运河文化展示展览和传播的责任和义务。在大运河文化遗产保护的基础上，融入现代文化展示技术，做好大运河文化的展示和传播。一是建设以"运河印记""天下粮仓"为主题的仓储博物馆。利用大运河仓储建筑群物质文化遗产，建设以运河漕运文化、仓储文化为题材的博物馆[3]。充分彰显德州在运河漕运历史上所承载着的重要使命，展现德州作为天下粮仓的繁华盛景。二是建设以"德州记忆"为主题的城市博物馆。以德州运河流域街道、村庄历史发展为切入点，生动讲述德州因运河而生、因运河而兴的故事，深刻诠释运河与德州休戚与共的命运关系，增强大众对运河文化的认同和自信。三是建设以"运河印象"为主题的民俗文化街。在现有河堤、场馆、村庄街道的基础上，统筹布局布庄、钱庄、茶肆、金铺、典当行、年画铺等元素，还原运工劳

---

[1] 钟行明、王雁：《大运河沿线戏剧类非物质文化遗产的保护、传承与利用——以山东地方戏为例》，《艺海》2021年第7期。
[2] 黄永林、纪明明：《论非物质文化遗产资源在文化产业中的创造性转化和创新性发展》，《华中师范大学学报》（人文社会科学版）2018年第3期。
[3] 宋兆麟：《民俗博物馆发展的新动向》，《民俗研究》1995年第1期。

作、市井喧嚣、官家驿站等场景，创意运河文化演艺项目，打造德州版"清明上河图"。

二 建设好"德文化"研究传播发展基地

"德文化"从字面上来看就是德州文化，但是从"德文化"的渊源来看他是运河文化在德州的特殊表现形式。从"德文化"强调的重点与核心来看，"德"不仅仅是指德州这个区域，而是以德州这个区域为核心空间，在整个区域空间内积淀形成和传承发展的文化。这个文化一定是饱蘸德州历史文化血脉、渗透到人们的骨子里边的可以生长发展的东西，这个可以生长发展的东西该如何界定和描述，在德州文化界偶有触及但是一直以来还不曾有过系统地呈现。然而可以明确的是，发展大运河文化旅游需要"德文化"的内容支撑，"德文化"内容呈现需要全新的诠释，而"德文化"的诠释需要建设"德文化"的研究传播发展基地。因此建设"德文化"研究传播发展基地，成为发展大运河文化旅游重要的一个环节。

建设"德文化"研究发展基地，首先要明确"德文化"的基本定位。从德州千百年的发展历史来看，德州深受董子文化的影响和熏陶，在董子文化的基础上发展了以儒家文化为主体的独具特色的德州文化。也就是说，德州文化源于董子文化，而又不完全等同于董子文化。但是德州文化秉承了董子文化的基因，在传承发展过程中更多地融入了德州不同时代、不同领域的元素，形成了德州与时俱进的文化思想。董子文化是儒家文化的一座高峰，对于儒家文化的传承和发展起到了至关重要的作用。东汉王充在《汉王书》中载道，"文王之文在孔子，孔子之文在仲舒"。由此可以看出，董仲舒在儒家文化传承方面有着不可替代的巨大作用，深刻影响着中华文化的文明进程①。德州作为董子文化的重要发祥地，历经一代代文化传人弘扬和积淀，形成了具有德州独特魅力的"德文化"。"德"字源于农耕经济的初期，表示用心掌握了太阳的运行规律用以帮助人们，因而得到了人民的一致拥护。"德文化"是中国先哲们通过对自然、社会、伦理思考而形成的，以"格物、致知、诚心、正意、修身、齐家、治国、平天下"为行为规范，倡导通过提高自身品行来影响民众的思想行为。

其次，诠释"德文化"的深刻内涵。建设"德文化"传播发展基地，关键的任务就是深刻地阐释以董子文化为核心的"德文化"，以"德文化"引领文化建设、城市建设、产业发展。诠释"德文化"的基本内涵，就得从"德人""德土""德水""德商""德禽"几个层面进行深刻剖析。"德人"，即以董仲舒为代表的德州的先贤、志士等儒德之人，是他们绵延了德州千年之久的文化根脉，他们是德州文化传承发展的"有德之人"。"德土"，即德州作为黄河冲积平原，孕育了德州悠久的农耕文明。当苏禄国东王来华访问客死他乡之时，明永乐皇帝命"沿途择厚土葬之"。其时人们在运河沿途取土称重，结果德州的土最重，因而苏禄国东王这位来自异邦的君王长眠于德州。这也从客观上诠释了"德土"的厚重和包容。"德水"，即黄河之水，秦始皇称黄河为"德水"，其中寄予了美好的夙愿，从此也便有了"德州"之名。同样，我们也可以将

---

① 丁为祥：《董仲舒天人关系的思想史意义》，《北京大学学报》（哲学社会科学版）2010年第6期。

"德水"寄予我们美好的愿望,祈愿德州的黄河、运河以及有着北方都江堰之称的德州四女寺水利枢纽造福德州,惠及两岸百姓。"德商",指德州有着非常荣耀的商业文明,运河漕运繁荣了德州城市,德州明清时期曾名列全国33个重要的工商城市。正是由于如此,德州才具备了门类齐全、业态丰富的发展体系。"德禽",指五德之禽,中国古代称鸡有文德、武德、勇德、仁德、信德,是人们除害趋利的吉祥物。德州扒鸡是德州非常重要的特色产业,不但在国际国内享有很高的声誉,同时也成为惠及德州一方的"德禽",在广大人民群众中有着广泛的认同。

最后,打造"德文化"的传播平台。建设"德文化"传播发展基地,是在深刻提炼、高度概括"德文化"内涵要义的基础上,形成具有广泛指导意义的理论成果,以城市发展、产业发展、文化交流为载体进行广泛的传播、弘扬与发展。要用好运河文化遗产,讲好德州运河故事,弘扬"德文化"的新时代价值。坚持以社会主义核心价值观为引领,将"德文化"的传承发展融入新时代中华优秀传统文化建设发展过程,推进"德文化"进学校、进家庭、进机关、进社区、进村庄、进企业,开展"德文化"主题体验系列活动。鼓励大运河(德州段)各级各类学校结合德州文化特色和中小学生心智思想特点,开展"德文化"研学特色课程,开设研学精品线路,加强"德文化"教育传授、社会宣传、环境熏陶、实践学习,为践行社会主义核心价值观提供坚实文化滋养,集合各方优势力量[1]。要营造风清气正的良好文化氛围,鼓励研究开发德文化最新成

---

[1] 谌春玲:《研学旅游市场的挑战与发展问题研究》,《经济问题》2020年第6期。

果，融合各种文化艺术形式，打造多层次、成系列、开放式的"德文化"普及推广体系，树立中国"德文化"影响力品牌。

三 发展大运河文化旅游产业集群

大运河是德州的母亲河，千百年来大运河的繁盛哺育了德州城市的发展。时至今日，德州城市的繁荣成为大运河文化旅游产业发展的重要依托。纵观大运河与德州城市的发展历程，着眼于文化旅游发展的国际化开放格局，德州与东盟国家有着源远流长的关系，具备了发展以东盟为主题文化旅游产业集群的基础条件。也就是说，可以立足建设东盟文化旅游核心支点城市，谋划发展东盟文化旅游产业集群。具体来说就是以德州东盟国际生态城为主要载体，紧紧围绕中、日、韩、澳、新和东盟十国正式签署RCEP协定的机遇，全面贯彻落实山东省印发的《区域全面经济伙伴关系协定》（RCEP）先期行动计划，充分利用好各类自贸协定条款，建设RCEP经贸合作示范区。据了解，德州市持续开展的"百企下南洋""中国—东盟（德州）经贸洽谈会"活动，不断扩大了中国与东盟十国的商务合作。所有这些都是德州与东盟国家已经建立起来的合作优势，为进一步实施文化旅游产业招商引资行动计划，招商引资建设一批文化旅游产业项目，打造中国—东盟产业合作示范园区奠定了基础。

发展东盟文化旅游产业集群还要学习借鉴南宁经验做法。广西的南宁市作为中国距离东盟最近的省会城市和"一带一路"建设重要节点城市，近年来已经发展成为中国面向东盟开放合作的前沿阵地，在文化旅游、生产制造、金融珠宝等领域加速打造面向东盟的产业聚集高地，逐步发展成为中国与东盟合作贸易的桥头堡。德州作为中国北方腹地城市，发展东盟文化旅游产业集群具有非常大的差异化特色，对于辐射中国北方广大区域、加强与东盟交流合作具有重要的现实意义。从具体的做法上可以与南宁大型文旅集团合作，建设以东盟文化为主题的大型文化旅游综合体。项目在德州市德城区南部生态片区规划选址建设，采取实景再现、情景交融、动感体验、沉浸互动为主的多种现代高科技主题公园形式，将东盟各国历史悠久的传奇故事、神奇美丽的艺术瑰宝、独具特色的风俗传统和欣欣向荣的现代发展，融合成为一幅优美壮丽的风光画卷。项目力求将东盟自然景观、民俗风情、历史发展、人文艺术、名胜古迹等，与德州及中国北方传统文化进行一个强烈的碰撞，让德州成为山东乃至中国北方东盟文化旅游产业发展中心[1]。

发展东盟文化旅游产业集群可以依托苏禄王墓博物馆及苏禄王守灵部落，规划建设大运河东盟文化产业示范园区。文化产业园区可以按照形态多元、功能健全的原则，分别建设东盟文化创意产业园、东盟民俗风情街、苏禄文化剧场等。东盟文化创意产业园利用德州化机厂闲置建筑，通过出台相关政策措施，遵循开放式、低门槛、全要素的原则，集聚东盟文化创客、工艺大师，发展文化创意产业[2]。东盟民俗风情街以苏禄王墓博物馆景区周围村庄、街道为脉络，向四周进行空间拓展，形成纵横交错、大围合

---

[1] 罗克良：《广西加快发展对接东盟文化产业的思考》，《学术论坛》2008年第11期。

[2] 易平：《文化消费语境下的博物馆文创产品设计》，《包装工程》2018年第8期。

状态的环形街区。街区以景区南街道空间为主体，以东盟国家建筑风格为特色，以东盟民俗文化产品、东盟美食、主题酒店等为主要业态，营造浓郁的东盟文化氛围。苏禄文化剧场结合苏禄王墓博物馆、东盟文创园、民俗风情街综合考虑选址布局，形成游览、观剧、购物、美食的闭合性精品线路。演绎剧目以中菲文化交流、苏禄王来华等为主题，创作极具特色的演艺作品，融汇杂技、曲艺等多种艺术形式，形成具有广泛影响力的国际文化艺术中心。

四　集聚发展大运河文化旅居部落

旅居是集居住、旅游、休闲、度假、疗养等为一体的一种全新生活方式。旅居自古有之，但是成为文化旅游一个新的产业门类，是近年来随着人们物质生活条件的提高、对诗意生活的追求迅速而发展起来的。人们对于旅居生活的追求是多种多样的，有追求像海南那样自然环境气候条件的，有追求山清水秀健康长寿的，还有人文环境民俗风情的。对于大多数旅居者而言，早已经摆脱了柴米油盐的生活羁绊，开始了对精致生活的追求，追求那种有茶、有禅、有阅读的悠然生活状态。从这个层面来看，旅居就是为了让生活的脚步慢下来，让自己的内心静下来。而一个人文悠久的地方，更能让人悟到当下的渺小。一个拥有沧桑历史的古树、码头和村落，当然比一个高楼林立、索然无味的都市有意思得多。有着1000多年历史的德州大运河、600多年建城史的德州城、300多年老手艺的德州扒鸡，以及散落在运河之畔、远离车马喧嚣的古村落，无疑将会成促使德州为现代文化旅居所追捧的热土。也就是说，德州拥有的原真性大运河风貌以及良好的人文生态环境，是德州发展大运河文化旅居部落的重要条件。如何立足现有资源条件发展大运河文化旅居部落，是摆在我们面前的一个重要课题。从旅居者选择旅居生活的条件来看，首先要营造大运河文化旅居的环境和条件。文化旅居的关键在于营造良好的生态和文化氛围，以及能够给旅居者创造慢生活、深情怀、低成本、高品位的人居环境，让旅居者找到一个心灵归宿。在生态环境上，三川并流的德州有着数百公里的亲水岸线，沿岸保持原真状态的植被、村庄为文化旅居的发展提供了非常广阔的空间[1]。在交通居住环境上，采用人车分流的方式，把村庄建设成为绿树成荫、古朴宁静、鸡犬相闻的所在，推出经济、方便、实用、开放、绿色的民宿产品[2]。挖掘大运河沿线餐饮文化，以德州扒鸡和地方美食为特色，开发"运河味道"美食体验产品。让这里成为他们各安其居、各乐其业、远离喧嚣的世外桃源。关于如何集聚大运河文化旅居的群体部落，是发展旅居产业的关键。随着生活工作节奏的加快，人们越来越多回归乡村。走向回归的这些群体有一个普遍的特征，就是具有一定的审美情趣、文化情怀，一旦寻得得意的所在，便会成为这一方水土的新乡贤、新农人、旅居者。顺应这种发展趋势，要以大运河国家文化公园建设为引领，整合城市、河道、村庄、美食等文化旅游资源，在邻近河道的区域，

---

[1] 赖斌、杨丽娟、李凌峰：《精准扶贫视野下的少数民族民宿特色旅游村镇建设研究——基于稻城县香格里拉镇的调研》，《西南民族大学学报》（人文社科版）2016年第12期。

[2] 张海洲、虞虎、徐雨晨等：《台湾地区民宿研究特点分析——兼论中国大陆民宿研究框架》，《旅游学刊》2019年第1期。

划定有文化底蕴、有建筑特色、有产业基础的若干村庄，从打造民俗民宿文化村落开始，集聚一批善于手工制作、擅长文艺创作、热心民间文艺的新乡贤、新农人、旅居者[①]。

最后，旅居产业一旦得到旅居者的认同，便会迅速发展壮大。借鉴北京宋庄、深圳大芬村的做法，通过注入文化元素培育非遗民俗发展因子，举办常态化的文化演艺、沙龙、赛事，激活旅居部落内生发展动力。运用现代传媒手段对新乡贤、新农人、旅居者进行聚焦，对他们的生活状态进行宣传，让他们成为各地网红竞相追逐的对象。由此，经过网红主播的传播，更多的新乡贤、新农人、旅居者便会纷至沓来，原来的一个村庄将会变成若干个村庄，原来的一个乡镇会裂变成更多的乡镇。随着旅居部落的膨胀，各种人脉、物流、资金流等会不断集结。而所有这一切，又都将成为我们文化创意、产业发展的资源。从而快速集聚各种有效发展要素，拉动经济社会健康快速发展。

第四节　大运河文化旅游发展的主要目标

关于大运河文化旅游发展的主要目标，可以从宏观的角度和微观的角度分开来说。从宏观目标来说，就是以大运河国家文化公园建设为统领，健全完善大运河德州段公共文化服务体系和文化产业体系，建设以大运河精神家园

[①]　刘晓春：《民俗旅游的意识形态》，《旅游学刊》2002年第1期。

为主题的旅游景区和产业园区，不断丰富人民群众精神文化生活。具体来说就是统筹考虑大运河资源承载能力，优化文化遗产、河道水系、生态环境等保护传承利用的空间布局。要明确空间管控要求，理性有序创新开发，合理利用文化生态资源，促进文化旅游产业高质量发展。将德州市建设成为"中华优秀传统文化（德文化）保护传承示范区""黄河运河融合交汇文化圣地""全域旅游发展新高地""知名文化旅游目的地城市"。然而就文化旅游发展目标的具体支撑来说，归根结底是依赖于产业发展的。而产业的发展又是由园区、景区、企业、项目等支撑起来的，所以说文化旅游的发展最终要落实到具体产业载体的培育和发展上。

一 大运河德州段生态环境整体提升，公共基础设施健全完善

深入研究河道、堤坡、堤顶、交通道路的肌理，固有的水草、树木、地表植被，区内鸟类、昆虫类动物的生活习性，文化遗产建筑、周边村庄风貌，以及大运河与城市之间的关系，实施一系列保护性、抢救性工程。工程实施的效果要以强化大运河的生态环境为目标，为区内动植物生活成长提供一方净空净土，为广大市民游客创设一方寻找记忆、惬意漫游的处所。充分考虑大运河河道本体的空间体量，适当植入一定的保护设施、公用设施，确保在空间植入内容上与大运河的原真风貌相协调，不改变大运河的总体风貌。公共设施主要聚焦人行步道、休憩连廊、体育健身、公共卫生服务、文创产品展示销售等必要设施。人行步道以仿古青砖进行铺设，阅读内容等主要围绕德州

人文历史、运河人物故事、地名街巷由来等展开。可以梳理历代名人吟诵德州大运河的诗词歌赋，以碑廊等形式进行展示，营造大运河德州段浓郁的文化氛围。要强化区内文化遗存、自然景观、公共设施的识别度，实施视觉识别指引系统、文化内涵阅读系统以及语音导游系统建设，树立大运河德州段文化旅游品牌形象。

二 大运河德州段整体布局科学合理，各种业态相得益彰

大运河德州段从乡村到城市成分多元、风貌各异，文化遗产分布也很不均衡。大运河德州段文化旅游发展的布局上，就得依托现有自然资源条件进行统筹、均衡布局，让大运河德州段形成上下贯通、布局合理、业态多元、相得益彰的发展格局。自大运河由京津进入山东境内开始的德城区二屯镇第三店村，向南至武城四女寺水利枢纽的45公里河段内，文化遗存较为丰富，河道景观也集聚了以弯代闸、分流滞洪等多种典型的运河水利元素，是大运河德州段的中心区段。区段内以运河河道为轴心，可以在运河两侧沿岸规划范围内，布局相应的运河民宿集聚区、运河民俗文化村以及观光旅游、旅居的产业形态。在大运河与德州城市相密切关联的河段为大运河德州段的核心区段，也就是北起驸马营路，南至岔河，东起104国道、迎宾大街、商贸大道、京沪铁路，西至运河二堤、运河大道、省界的区域范围内主要依托城市发展的基础资源条件，集聚多种要素发展以运河文创、演艺、美食为主题的文化创意产业形态。大运河德州段中心区段以外的部分为武城区段、夏津区段，在该部分区段内可以梳理相对独立的文化主题，培育区段内运河文化元素,延展中心区段的产业形态,规划发展具有德州地域特色的文化旅游产业。武城区段可以做好水工文化、美德文化、酒文化等方面的文章。围绕四女寺水利大闸,策划创意大运河水工文化领域的科普体验中心,围绕四女寺古镇、四女寺景区,规划发展以家庭美德为主题的青少年教育实践中心,围绕古贝春酒厂博物馆,策划以"千年大运河、万家古贝春"为主题的酿酒技艺传承体验中心。夏津区段围绕古桑文化、演艺文化、非遗文化等方面做好文章。将古桑文化以及系列文化创意产品与大运河自然景观相融合,创设具有夏津风情的民俗民宿集聚区,集聚梳理西河大鼓、夏津民歌等小戏小剧创作排演具有运河文化内涵的演艺系列项目,以夏津虎头鞋、绢花、布袋鸡等非遗文化产品为核心规划发展大运河非遗文化发展中心。

三 发展一批积蓄文化旅游发展后劲的重点产业项目

项目是未来的企业、企业是未来的产业。因而要将培育建设重点项目作为引领大运河文化旅游发展的着力点,突出创新创意理念,在文化传媒、创意设计、演艺娱乐、工艺美术、古玩书画、广告会展、文化旅游、数字动漫、互联网信息等领域,加快打造一批具有高度示范效应和拉动作用的重点文化旅游项目。要把培育发展重点文化旅游产业项目列入推进文化旅游产业发展的重要议事日程,从建立完善的项目认定、管理、服务和推进机制开始,对项目的主题、内容、规模、发展前景进行论证,每年遴选一批产业优势明显、发展动力充足、发展前景广阔,具有可持续发展能力的文化旅游产业项目纳入大运河重点建设项目。大运河重点建设项目可以聚焦在文物保护、河道管护、旅游廊道等基本建设工程，以及北厂曹仓、仓储建筑群、老电厂等重点工程项目。文物保护定位采取最新科技发展成果，对文物本体实施科学保护手段。河道管护立足保持河道的原真性，采取培育、涵养、少干预的方式方法，最大程度的还原运河的风貌。旅游廊道建设要进行美学论证，从空间利用、体量大小、色彩搭配等方面进行顶层设计，将廊道设施有机置入运河整体文化氛围之中。北厂漕仓要萃取具有可以体验的元素进行项目设计，发展具有复古情怀的研学体验项目。老电厂可以作为周边区域的地标符号，规划建设多种业态相融合的文化创意中心。仓储建筑群在原有改造利用的基础上，规划提升以运河文化主题展览、文化创意中心的文化中心项目。

要注重在项目发展上引入新的活力元素。依托大运河文化基础条件和主城区载体空间，借鉴广西南宁做法引入东盟文化元素，规划东盟文化旅游产业项目建设，不断延长大运河文化旅游产业链条。发展重点产业项目还得要贯彻大集团发展理念，以大运河为依托鼓励吸引实力强劲的国有骨干文化企业结合转企改制与资源整合、结构调整，突破区域空间限制和行业壁垒，以资本为纽带进行大运河文化旅游投资。作为大运河文化旅游发展的政府主管部门，积极探索文化旅游企业与金融机构开展多种形式合作，通过输入资金、资助项目开发、划转相关资产等方式，支持一批有特色经营主业、自主知识产权且文化创新能力强的文化骨干助推企业发展[①]。

---

① 张振鹏：《我国文化产业转型升级的四个核心命题》，《学术论坛》2016 年第 1 期。

四 建设一批具有较强辐射带动能力的文化园区、旅游景区

文化园区是文化产业的载体形式，同时也具有一定的平台和孵化的功能。园区的辐射带动以及平台孵化功能，主要体现在将园区内企业发展的能量、业态形成的合力进行充分地释放，为区域的发展提供借鉴和拉力。而旅游景区则是将产业功能属性充分放大而形成的显性化、体验化的园区。依托大运河规划的旅游景区，其基本条件就是依托文化遗产、湿地环境和自然风光而形成的线路产品体系，该线路产品在观光体验的基础上融入文化街区、创客中心等元素，形成了具有发散影响和成长基因的产业园区。因此从这个意义上来讲，无论园区、景区都是具有产业属性的发展载体，均需要赋予发展载体的使命就是能够对大运河文化旅游产业发展起到示范带动的作用。具体措施上加大对小微文化旅游企业的扶持力度，推动小微文化旅游企业向专、精、特、新发展。通过园区建设，完善技术和服务平台的建设和运营机制，集聚文化旅游人才、信息、技术、资本等要素，形成富有创意氛围和创新活力的优势产业集群和中小微企业群落[1][2]。从这个基本点出发，我们可以规划大运河文化博览、文化创意集市、美食文化街区、民宿集聚区等文化创意项目。大运河文化博览就是将大运河文化遗产以及发掘形成的文化内涵为资源条件，对大运河文化进行有主题、有内容、有故事、有鼓舞地展示，并

---

[1] 张振鹏：《小微文化企业发展研究——基于商业模式建构的视角》，《社会科学》2016年第12期。

[2] 张铮、熊澄宇：《小微文化企业对我国文化产业发展作用及其培育环境的再认识》，《同济大学学报》（社会科学版）2016年第1期。

由此延伸到大运河文化产业博览交易大会。文化博览交易可以采用创意情境模式，一方面品味运河文化遗风，一方面开展博览交易。大运河文化创意集市主要集聚德州以及京津冀鲁等地具有运河文化情怀、身怀匠心绝技的创意创客，在德州大运河文创中心进行创作、展示，形成良好的传承发展氛围。美食文化街区主要以德州扒鸡为依托，集聚运河上下美味食品，形成大运河美食文化的传承发展中心。民宿集聚区主要规划建设一批具有中国北方和运河文化特色的民宿，一方面承担运河民居建筑展示的功能，另一方面承担文化旅游的服务功能。与运河原真风貌、相得益彰的运河廊道、文创中心美食街区的丰富多彩，形成大运河德州段具有较强识别度、较强生命力的大运河国家文化公园。

大运河文化旅游的发展，在顶层设计的基础上要坚持小步快跑的理念，让大运河文化旅游发展形成一个逐步积累和相互影响的发展过程。具体来说就是传统产业与现代文化创意产业深度融合，运河文化在引领和支撑经济社会发展中的作用愈益明显，文化旅游企业创新能力和发展活力显著提高。从 2022 年到 2025 年，大运河文化旅游产业规模体量、营业收入要占到全市 40% 以上，发展成为引领全市文化和旅游产业发展的重要引擎。文化产业结构优化，文化交流合作的范围与领域进一步扩大，文化产品及其服务供给能力大幅提高，推动文化产业增加值占地区生产总值的比重达到 6%，文化产业成为德州国民经济重要支柱性产业。

第五章　大运河德州段文化旅游发展规划布局

大运河文化旅游发展自有其内在的规律性，这是由其文化的基本内涵、属性及现有的物质遗存、地理环境基础条件所决定的[①]。除此之外的关键一点就是对于以上要素的基本认知、价值取向。大运河德州段文化旅游的发展，自然也就与全市的历史文化、地理条件、经济基础，以及价值取向、发展规划密切相关。本章立足大运河德州段优势资源、统筹考虑全市发展状况，放眼运河沿线城市和国家发展战略，从传承保护、因地制宜、差异发展的视角，就整个产业的发展布局进行探讨。

第一节　空间格局"一核""三极"总体创意

德州作为大运河国家文化公园发展城市，同时也是黄河经济带、环渤海经济带发展城市，具有文化、经济发展的多重属性。统筹考虑德州文化旅游的多重属性和核心要素，按照德州市区位状况、资源禀赋条件，可以构建"一

[①] 高爱霞、满广富、高春霞等：《传统文化与生态旅游耦合协调实证研究——以山东省为例》，《山东农业大学学报》（社会科学版）2022年第2期。

核、三极"的空间布局。"一核"就是将主城区发展成为全市文化旅游发展的核心区。"三极"就是南极、北极和左极。"南极"是由德州南部的齐河、禹城、临邑三县、市组成。"北极"由德州北部的宁津、乐陵、庆云三县、市组成。"左极"由西部的夏津、武城以及毗连的平原县三个县组成。总体形状上类似德州先民发明的"鬲","一核"相当于"鬲"的核心部分,另外"三极"相当于"鬲"的三足。"三足"拱起"一核",突出了主城区引领文化旅游产业发展的核心地位,也呈现出"一核"与"三足"的关系,是相互支撑、相互借力的一个有机整体。

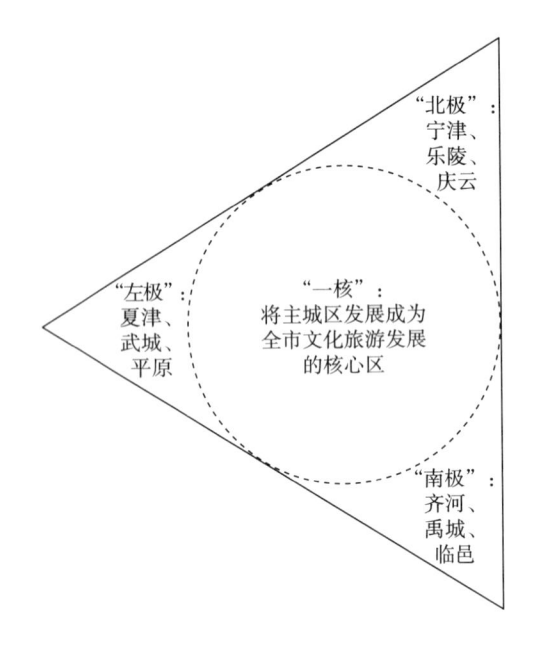

图 5-1 "一核""三极"示意

资料来源：作者自绘。

从这个层面出发,德州文化旅游的规划设计就要科学统筹和考量。一方面考量德州与黄河、运河、京津冀协同发展、山东省会城市圈发展战略相契合、相贯通的需求[①]。另一方面考量德州各个部分之间的差异化分工和协调发展的问题。特别是在目前德州市大力发展通道经济的背景下，文化旅游产业应该发挥大通道、大物流的优势，创意延展具有一定开放性、黏着力的文化旅游场景氛围，以及一系列在京沪大通道上独具特色的文化旅游项目，将德州的通道优势转化为通道经济、客厅经济[②]。总之通过"一核""三极"的产业布局，整合全市文化旅游优势资源，贯通北向与京津、南向与省会城市圈、西向与衡水、石家庄的发展脉络，构建形成"一核"带动、"三极"发力的全面发展新格局。

第二节 "一核"——打造主城区文化旅游发展核心

研究的主体范围包括德城区、陵城区、天衢新区，为德州文化和旅游的核心产品层，依托主城区政治、经济、文化的中心地位，以城市旅游集散、信息联结与服务作为功能定位，打造区域会客厅。研发城郊融通的文化旅游产品体系，系统建成环城市游憩带核心圈层，建设高铁漫游基地，逐步靠拢京津冀，形成京津南部休闲特色城市。

主城区的核心部分是德城区，德城区以"首善之区，

[①] 金红兰、梁雪：《京津冀协同发展视域下德州农村三产融合发展研究》，《农业经济》2020年第5期。

[②] 徐翠蓉、赵玉宗、高洁：《国内外文旅融合研究进展与启示：一个文献综述》，《旅游学刊》2020年第8期。

大德之城"为主题，按照大运河国家文化公园建设要求，以建设大运河文化产业带中心，实施大项目带动战略，构建环德州城市游憩带的核心圈层。集聚文化旅游产业要素，培植壮大梁子黑陶产业园、新街口文化产业园、博纳新天地等产业项目，发展特色文化产业园区。依托运河田园、奥德曼葡萄酒庄、黄河涯万亩桃园、环球酿造生产基地等开展城郊游、乡村游、庄园游、美食游项目，推动省级田园综合体创建工作。通过完善公共文化、交通、餐饮、住宿、娱乐、购物等城市配套服务，提升中心城区首位度[①]。将德城区建设成为鲁西北、冀东南的文化旅游集散中心、消费中心、服务中心、信息中心。

陵城区由原来的陵县撤县设区而来，距离德城区30公里。陵城区以"智圣故里，生态陵城"为主题，按照"德陵一体化"总体战略部署，突出"东方朔故里"历史文化与湿地生态资源优势，全面对接中心城区，打造以服务德州为重点的城郊型生态休闲旅游目的地。深入挖掘陵城区悠久地域文化和曲艺民俗资源，以水韵德风生态综合体、两湖休闲旅游区、东方朔故里、神头汉墓群遗址公园为产品载体，重点打造"文化体验游、滨水生态游、乡村休闲游、养生度假游"四大特色产品，构建别具一格的文化旅游产品体系[②]。

德州天衢新区由原来的德州经济开发区、运河开发区整合而来。区内省级文化产业示范基地、4A级旅游景区董

[①] 邹统钎、韩全、秦静：《"千年运河"品牌基因谱系识别与空间分异研究》，《地理研究》2022年第3期。

[②] 王京传：《文化遗产的保护、开发与旅游产品体系构建》，《旅游学刊》2010年第5期。

子文化园具有一定的产业示范带动作用，集聚一大批手造非遗文化产品、非遗传承人、民俗文化传人等要素，是集董子文化传承、文化创意产业发展、研学旅行开展等为一体的综合性文化旅游产业示范基地。董子园实施"开放式、低门槛、全要素"发展模式，积极对接京津冀鲁城市文化资源，发展动漫、数字产业。尽快出台相应政策措施，集聚文化创客，创新发展新型文化旅游业态，推动董子文化园创建国家级文化产业示范园区[①]。进一步加快城市东扩，全面实现德陵一体化，提高中心城区承载力、辐射力和首位度[②]。

第三节 "三极"——构建南、北、西三极支撑片区

一 齐河、禹城、临邑三县、市的南部发展极

齐河、禹城、临邑三县、市位于德州市的南部地区，占据全市25%的面积和人口，对于推动德州经济发展意义重大。一方面，三县、市毗邻黄河。依据国务院《黄河流域生态保护和高质量发展规划纲要》及文旅部《"十四五"文化和旅游发展规划》中关于黄河流域文化旅游产业发展的要求，积极响应黄河流域上下游城市生态保护和高质量发展战略，打造以三县、市为核心的黄河文化发展极，加

[①] 张越：《城市文化视角下公共空间设计——以德州董子文化街为例》，《山东艺术》2021年第6期。

[②] 高小康：《非物质文化遗产的保护与公共文化服务》，《文化遗产》2009年第1期。

快打造黄河文化产业带。另一方面，秉承山东《省会经济圈"十四五"一体化发展规划》，着力打破三县、市行政壁垒、加快融入济南进程，实质推动济南、德州同城化发展。推动德州、济南两地决策者达成共识，建立跨越地市范围的高层协调机构。以齐河县为突破口，与济南市共同布局谋划交通设施、产业发展、公共服务等，促进三县、市与济南新旧动能转换起步区一体规划、一体建设、一体发展。

（1）齐河县有着黄河文化、黑陶文化、晏婴文化等资源禀赋，和区位优越、生态良好、经济发达的发展优势，近年来以"黄河水乡，生态齐河"为发展目标，以文旅融合、全域发展、创新发展、品质发展、绿色发展为抓手，以黄河国际生态城为载体，全面提升文化旅游公共服务水平，全面实施文化旅游产业数字化战略，全面实施黄河文化、生态乡村体验、精品旅游度假产业集群工程。先后荣获中国最美生态旅游示范县、山东省休闲农业和乡村旅游示范县、国家全域旅游示范区、全国旅游标准化示范单位、山东省文旅康养强县、全国县域旅游发展潜力百佳县等荣誉称号。目前齐河县从项目建设、旅游收入均实现大的突破，成为德州市文旅发展的有力支撑。

（2）禹城市以"大禹圣地，九州之城"为目标，深入挖掘大禹文化内涵，弘扬"大禹文化"特色文化品牌，彰显"大禹文化"的精神价值和时代特征，构建具有地方特色的文化品牌体系、文化产业发展体系、文化遗产传承体系。规划建设了以大禹文化为主题的旅游景区、以文创中心为主题的产业园区、以工业旅游为主题的研学旅游等一系列产业项目，力争将禹城打造成为"文化事业繁荣、文化特色鲜明"的黄河文化名城，打造大禹文化旅游目的地品牌。

（3）临邑县以"古风犁城，槐香临邑"为主题，立足书法书画之乡、邢侗故里文化资源，以培植文化旅游资源项目、发展乡村旅游为突破口，发展了以临盘镇前杨村为代表的一大批乡村旅游示范村，拉动了以乡村旅游消费为动力、以乡村民宿和大众美食等为供给的全产业链条发展。目前临邑县通过升级产品、丰富业态，繁荣发展文化事业、文化产业和旅游业，着力建设德州、济南近郊乡村休闲目的地。

二 宁津、乐陵、庆云三县、市北部发展极

宁津、乐陵、庆云三个县市位于德州市的北部地区，占据德州市1/4的人口和面积，对德州经济发展亦发挥重要作用。三县、市紧紧围绕《京津冀协同发展规划纲要》赋予德州市的功能定位，按照打造德州融入京津冀协同发展桥头堡的目标，率先于京津冀交通一体化、生态环境保护、产业升级转移等领域取得重要进展，形成德州文化旅游产业发展新的增长极。

（1）宁津县以"杂技之乡，蟋望宁津"为主题，弘扬以杂技、蟋蟀、美食为主体的传统文化，规划建设了"杂技蟋蟀欢乐谷"。欢乐谷集杂技演艺、蟋蟀贸易、休闲娱乐、亲子研学、美食体验于一体，集聚乡村旅游、民俗休闲、非遗传承等要素，成为德州北部新的旅游发展增长点，辐射带动了周边区域文化旅游的快速集聚发展。

（2）乐陵市以"红色乐陵，福寿枣乡"为主题，以冀鲁边抗日纪念馆为核心，突出乐陵市红色文化底蕴与特色，

弘扬优秀传统文化与发展特色旅游同步进行。立足百万亩生态枣林，引进和培育开发主体，开发乡村民宿、康养度假、影视创意等新型业态，打造枣乡文化产品和旅游服务体系，申报千年枣林成为全球重要农业文化遗产[①]。

（3）庆云县以"五福齐临，吉祥庆云"为主题，立足传统文化、特色商贸、平原生态三大基础资源，借助区位和环境两大优势，突出传统文化体验、生态休闲旅游、市场购物旅游三大卖点，把庆云定位建设成为鲁北及京南旅游的重要枢纽、黄河三角洲文化旅游的重要支点、环渤海旅游带的重要节点，打造形成北方文化旅游胜地。加强顶层设计，同时完善服务配套，加大宣传与合作力度，创建省级全域旅游示范区。

三 夏津、武城、平原三县的西部发展极

夏津、武城、平原三县位于德州市中西部，毗邻德州中心城区，与德州市主城区发展关系十分密切，对主城区乃至全市文化旅游发展具有重要支撑作用。特别是武城、夏津两县与德城区同属运河文化带范畴，在运河文化旅游产业发展上有着密切交集。平原县位处主城区南部，在主城区南部生态片区打造、大项目建设上起着重要的支撑作用。

（1）夏津县以"椹果之乡，生态夏津"为主题，依托"全球重要农业文化遗产"和"京杭大运河"这两大金字招牌，以黄河故道森林公园为载体，推动黄河文化、运河文化、古桑农耕文化、棉乡文化的创造性转化和创新性发展，打造具有夏津特色的"文化基因工程"，把夏津打造成

---

① 钟利民：《论红色文化的经济价值及其实现问题》，《求实》2010年第3期。

为乡村休闲旅游知名目的地和京津冀南部重要的康养旅游基地。此外，夏津县发展建设了以德百温泉度假村、椹仙村旅游小镇为主体的旅游载体，以椹果、椹叶、桑黄为主体的旅游商品，以民俗文化、农事体验、采摘休闲、桑黄研学为主体的研学线路，成为知名的康养、旅游、研学目的地。

（2）武城县以"千年贝州，运河古埠"为主题，以运河水利枢纽、四女寺风景区为核心，建设以运河文化为主体的文化旅游产业带。四女寺景区建设融入现代时尚文化元素，创建集旅游、休闲、度假、研学、娱乐、文化体验等功能于一体的综合文化旅游产品集群，打造德州运河文化重要节点城市。

（3）平原县以"秦汉古郡，七彩平原"为主题，深入挖掘秦汉文化资源，加快文博馆、美术馆、图书馆、档案馆、体育馆等基础设施建设。近年来规划建设了东海天下温泉康养小镇、德百奇石颐养园、恩城盛堡啤酒小镇等重大文旅项目，探索"医疗+康养+旅游"服务，推动德州平原一体化建设，着力建成鲁北健康产业城。

第四节 文化旅游发展重点区域和属性分析

德州是集黄河、运河等文化为一体的文化多元城市。中心城区及武城、夏津两县属于沿运河区域，运河文化遗存及运河文化特征非常显著。齐河、禹城、临邑属于沿黄河和近黄河区域，黄河文化具有一定的积淀。而宁津、乐陵、庆云属于冀鲁边区、近渤海湾区域，发展红色文化具有一定的基础。从商业文明的发展基础来看，中心城区、武城、夏津，以及禹城、宁津、庆云的大部区域受运河的影响比较深远，历史上具有发展经贸、对外交流的良好基础。

因此综合全市文化旅游资源，契合国家文化公园建设发展战略，德州市发展的文化定位是运河文化城市，发展的重点区域是以主城区为核心的南运河德州段。在发展的时序和逻辑上，实施南运河德州段率先突破的策略，举全市之力做好南运河德州段文化旅游基础设施和品牌形象提升，有效对接国际国内文化旅游发展布局，打造南运河德州段文化旅游发展高地[1]。

南运河德州段的建设，首先从保护传承出发，谋划做好有关大运河文化遗产公园建设。然后依托大运河文化公园，融入现代文化科技元素，发展具有发展前景的文化旅游新兴业态。同时布局德州在大运河沿线、京津冀鲁区域城市具有区域中心意义和里程碑标志的大项目、大工程、大体系建设[2]。

第五节　大运河核心区段规划空间要素分析

大运河德州段纵贯德州，流经德城、武城、夏津三个

---

[1] 邹统钎、韩全、秦静：《"千年运河"品牌基因谱系识别与空间分异研究》，《地理研究》2022年第3期。

[2] 孙久文、易淑昶：《大运河文化带城市综合承载力评价与时空分异》，《经济地理》2020年第7期。

区县，全长约 141 公里。可分为两段：一是卫运河（漳卫河）德州段，自河北馆陶县徐万仓至德州四女寺水利枢纽，共计 96 公里；二是南运河德州段，自四女寺水利枢纽至德城区二屯镇第三店村（山东省界），共计 45 公里。

南运河德州段即为本章研究内容，区域范围以大运河德州段为核心轴线，沿着运河两侧东向延伸至天衢新区高铁东站区域，西向延伸至武城县四女寺景区区域。区域范围包括德城区、天衢新区以及武城县部分区域。研究区域内历史遗迹遗址主要有：北厂漕仓、沉船遗址、明代老城墙、苏禄王墓、运河码头、烈士陵园等；工业遗产主要有：机床厂、筑路机械厂、老电厂、化机厂、仓储建筑群、一水厂旧址等；宗教及现代新建建筑主要有：清真寺、天主教堂、古运河商业街等；绿地公园和景区有：运河公园、九龙湾公园、金荷园、明月湖风景区、中心文化广场、长河公园、锦绣川公园、长河公园、减河湿地公园、四女寺风景区、董子园风景区、沙王河风景区；主要文化产业园区有：德州董子文化街、山东新街口、梁子黑陶产业园、红绿彩博物馆、大运河古玩城等[①]。

第六节 核心区段"两轴、三区、百驿"发展创意

如果说"一核""三极"是德州市文化旅游全域发展

---

① 韩宁、李清：《城市文化视角下德州公共空间环境设计探究》，《文化学刊》2020 年第 11 期。

整体构想的话，那么"一核"的规划发展则是引领全市发展的核心动力。在1998年、2003年、2007年、2017年，德州市多次组织编制德州运河文化旅游发展规划和主城区文化产业发展规划，都不约而同地将目光聚焦在了大运河核心区段的载体发展上。我国历史文化名城保护专家、规划建筑学家、同济大学国家历史文化名城研究中心阮仪三教授在编制《德州市主城区文化产业发展规划》的过程中，便基于运河的文化视域对德州城市发展进行有主题有思想地规划。他通过对德州漕仓遗址、仓储建筑群、运河码头的调研溯源，以及德州古城记忆、民俗风情、苏禄王墓等文化元素的梳理，提出将德州打造成为"天下第一仓"的宏大构想。

南运河德州段可以分为"五大片区"进行开发建设的建议[1]。一是"哨马营"生态湿地景区，位于哨马营（闸子村）、丰乐屯、第三店一带；二是"十二连城"官仓文化区，包括鲍家营、王家营、夏家营、肖家营、顾家营、何家营、瞿家营、白贺营、钱家营、哨马营、边家营、陈家营等土城，位于北厂一带；三是"九达天衢"商贸文化区，位于米市街、桥口村一带；四是"乾隆行宫"园林文化区，位于马家圈一带；五是"四女寺"水工文化区，包括南运河、岔河、减河"三河"以及四女寺水利枢纽。

借鉴"天下第一仓"的理念和五区划分的思路，可以从一纵一横两个层面进行布局分析，将大运河核心区段的总体空间布局设计为："两轴、三区、百驿"[2]。其中的

---

[1] 梁国楹：《德州运河文化变迁及其特点》，《德州学院学报》2020年第5期。
[2] 秦宗财：《大运河国家文化公园系统性建设的五个维度》，《南京社会科学》2022年第3期。

"轴"是指纵向和横向的空间脉络，其中的"区"是指由"轴"向外延伸辐射形成的产业区域，其中的"驿"是指需要特别策划发展的点位。"轴"分为纵向和横向，纵向是按照南运河德州段的南北走向结构进行布局，横向是按照德州市主城区东西走向发展脉络结构进行横向布局。将纵向、横向空间布局进行统筹叠加，形成"丁"字状的总体布局结构。纵向的大运河文化发展与横向的德州主城区发展互为支撑，以大运河文化为灵魂、以大运河城市文化公园为载体，形成主题突出、脉络分明、内容饱满、区域完整的文化旅游发展格局。

一 "两轴"："大运河文化轴"和"城市发展轴"

德州市是以运河为基点一路向东发展起来的城市，是依托由漕运到铁运的演进发展起来的城市。"城市发展轴"是以"大运河文化轴"核心区段为原点，按照德州城市发展脉络由西向东延展而形成的文化旅游发展核心区域。北端驸马营路至南端新河路，然后向东沿德州市主城区延展，直至高铁新区。即以大学路、天衢路、三八路、东方红路、东风路（104国道）、新河路区域为幅宽，以"运河—铁路—高速—高铁"作为城市历史印记演进线，打造主城区自西向东延展"城市发展轴"。

（一）"大运河文化轴"

"大运河文化轴"是以南运河德州段核心文化资源为依托规划建设的核心文化发展区域。"大运河文化轴"应以文化遗产保护利用和文化服务为支撑，大力发展以运河文化展示体验和文化交流经贸活动为主体的服务业，打造大运河德州段文化发展的新高地[①]。区域范围是北起德城区二屯镇第三店村（山东省界），南至武城四女寺水利枢纽，东起104国道、迎宾大街、商贸大道、京沪铁路以及向南、向北投射的相应区域，西至运河二堤、运河大道、省界。区内主要优势资源主要为运河文化遗存，具体包括运河河道、水体、河闸、码头、仓储、电厂等显性资源禀赋，是规划发展文化旅游的重要依托和鲜明地标。

（二）"城市发展轴"

"城市发展轴"自运河区段沿主城区向东发展，具有明显的差异化特征。按照建设年代背景、建筑主要风貌和产业形态来划分为若干部分的话，那么自老京沪铁路往西以运河为核心的区域，从老旧建筑到地名称谓，无不深深留下运河漕运时期的烙印，可以命名为"运河时代"；自铁路往东一直到岔河的区域，是见证着铁路运输的兴盛而得到了快速发展的城市区域，可以命名为"铁路时代"；自岔河往东到减河西岸区域，是德州改革开放以来高速发展的产物，恰逢京沪高速在此纵贯南北，可以命名为"高速时代"；自减河东岸以东区域，是围绕德州高铁东站最新崛起的高铁区域，则可以叫作"高铁时代"。如果按照该城市建设发展脉络，规划建设相应的文化旅游业态，一定会对城市发展提供内容支撑和宏观指导。

根据产业发展与城市发展相协调的原则，"运河时代"以朴素、简约、留白的手法，适当布局以文创、观光、体验为主体的轻资产文旅产业。依托北厂漕仓、沉船遗址、

---

① 李少惠、王婷：《我国公共文化服务政策的演进脉络与结构特征——基于139份政策文本的实证分析》，《山东大学学报》（哲学社会科学版）2019年第2期。

明代老城墙、运河码头、机床厂、筑路机械厂、老电厂、化机厂、仓储建筑群等主要功能节点，全方位展示古今交融的运河文化，打造"运河文脉传承带"，创建"文化展示传承区"。以运河公园、九龙湾公园等为空间载体，规划建设集运河文化体验、旅游、休闲、娱乐、景观于一体的集中体验区，发展城市水岸经济。充分借助运河沿线独特的文化氛围和丰富的文化设施、民俗文化、历史遗产等亮点，通过完善基础设施建设，将运河文化资源运用现代创意进行转化、包装和串联，实现运河文化的集中展示和营销推广。将运河交通走廊打造成为文化展示长廊，促进文化资源优势转向文化产业优势，推动沿线文化产业协作，实现运河文化资源整合和协同发展。

"铁路时代"以强大的城市功能为依托，建设成为大运河文化旅游经济带的核心区、动力区，以核心区的发展辐射带动大运河经济带的整体发展。该区域主要发展文化创意、文化展示、文化体验、现代传媒、研学旅行、数字经济等业态，建成集运河文化体验、旅游、休闲、娱乐、景观于一体的集中体验区，集生活居住、商务办公、商贸物流等配套服务为一体的文化旅游消费区[①]。文化创意产业主要聚焦"一黑、一红、一彩"，即德州黑陶、德州剪纸、德州红绿彩等文化创意产业，利用工业老旧厂房、闲置民居，集聚区域文化创客，打造"全要素、低成本、开放式"文化创意创客孵化中心。文化展示主要利用东方红旅馆等老建筑建设城市纪念馆，展示德州市600年的建城史、发展史。文化体验主要是依托苏禄王墓博物馆以及北营村苏禄

---

① 黄永林：《数字经济时代文化消费的特征与升级》，《人民论坛》2022年第9期。

王守陵部落，建设菲律宾南洋风情民俗街。开展异域文化民俗民风体验，规划建设东盟国家文化产业园区。

"高铁时代"以构建德州文化旅游发展新格局为目标，对标南宁市打造中国北方对接东盟重要文化旅游的支点城市，建设文化科技金融融合区。重点依托该产业带高新技术产业、金融资本要素密集的优势，加快科技服务和金融服务平台建设，推动文化、科技与金融融合，促进动漫游戏、新媒体、数字出版、设计服务等领域发展，实现德州市"文化+"与"科技+"的双轮驱动战略[①]。

根据以上分析研究，可以明确建设重点为：一是规划建设德州东盟产业园、德州动漫创意园、物联网产业园等产业园区，探索文化软件服务、互联网信息服务、文化增值电信服务、移动互联产业等产业空间集聚规律，打造专业化楼宇、园区等发展载体，拓展融合人工智能、大数据、云计算成为产业新业态，发挥文化与科技相融合的引领示范作用；二是以德州市金融服务中心为依托，打造集银行、证券、保险、信托、基金及其他各类金融服务机构的文化金融载体，发展文化金融交易市场，建设文化金融功能区，加快文化金融融合发展；三是加快发展德州电商产业园，推动"互联网+"平台建设，促进文化创意产业与互联网融合发展。

按照"运河时代""铁路时代""高速时代""高铁时代"发展特征，应该从城市发展空间、风貌、内涵上，对文化旅游产业发展的业态、体量进行逻辑定位，以达到文

---

① 李凤亮、宗祖盼：《文化与科技融合创新：模式与类型》，《山东大学学报》（哲学社会科学版）2016年第1期。

化旅游产业发展与城市发展的和谐一致。

二 "三区":"南部区域""北部区域""西部区域"

"三区"发展定位主要是围绕"大运河文化轴""城市发展轴"延展发展文化、旅游重要支撑项目,为两轴的发展提供内容信息、人脉流量、环境条件等方面的支撑要素。支持两轴进一步对接运河沿线城市、京津冀城市、省会城市,进一步融入国家发展战略。

(一)"南部区域"

"南部区域"运河区段属于较为完整的原真性、原生态的运河古貌风光区段,向东延展区段亦属于德州南部生态片区。按照支撑"大运河文化轴""城市发展轴"核心区域文化旅游产业发展、延展放大德州重要文化元素的逻辑,规划建设以黑陶、剪纸、女红、书画、红酒为主题的民俗文化村,集聚运河流域传统手工业者、民间文化艺人、产业创客,发展民俗、美食、写生、演艺等产业形态。规划建设工农业生产加工专业村[1],将农产品加工、工业生产加工中适宜展开拉长的环节,作为可普及展示的研学资源进行释放,打造现代农业加工、工业加工展示研学基地。创作编排适宜农家小院、街头巷尾、田间地头演出的情景剧,打造有关运河文化、红色文化、民俗文化的沉浸式演艺剧目[2]。举办传统手作产品比赛活动、民俗文化大集、农事节庆活动,打造集运动休闲、文化体验、美食娱乐、旅居养生为一体的文化旅居部落。演艺剧目聚焦运河号子、杂技人家、驿站故事、田雯之家,以及冀鲁边区革命故事等,

---

[1] 王美钰、李勇泉、阮文奇等:《民宿创业成功的关键要素与理论逻辑:基于扎根理论分析》,《南开管理评论》2022年第2期。

[2] 文丰安:《新时代红色文化传承与发展研究》,《学习与探索》2020年11期。

弘扬中华优秀传统文化，涵养公众爱国情怀。

（二）"北部区域"

"北部区域"以较为完整的内陆河流湿地生物多样性为基础，创建农耕文化展示体验园区，打造具有优美生态湿地景观与浓郁农耕文化的田园生态经济发展区域。农耕文化体验园区立足现有资源实际，规划建设农耕园、百果园、时令园。农耕园主要招募农村耕种能手，采用传统耕种方式，种植传统经济作物，还原落日、炊烟、田园的诗意农家生活。百果园主要规划建设贡柿园、石榴园、梨园、杏园、桑园、无花果等生态园林，其间因地制宜建设二十四节气休闲场地，植入农家农具展陈展览、传统老旧农业机械展示，以及运河船坞、水工、码头等文化元素，营造浓郁的农耕氛围，留下百年乡愁。时令园主要依托农耕园、百果园种植时令采摘果蔬，作为果蔬采摘、农家节庆活动的空间载体[①]。

（三）"西部区域"

"西部区域"依托四女寺水利枢纽、四女寺景区以及运河沿岸有特色、有故事的村庄，以运河水工文化、孝德文化、民俗文化为主题，建设运河水工文化活态博物馆、运河古镇休闲度假区、运河乡村旅居区，探索创建国家5A级旅游景区、国家级水利风景区、全国中小学生研学实践教育基地。运河水工文化生态博物馆依托卫运河、南运河故船闸围合的区域，以水工遗存为载体，研究注入文化解读元素，规划建设运河水工科普馆，系统进行运河水工文化

---

① 傅才武、程玉梅：《文旅融合在乡村振兴中的作用机制与政策路径：一个宏观框架》，《华中师范大学学报》（人文社会科学版）2021年第6期。

展览展示。运河古镇按照原汉代四女古镇的格局和肌理，以汉文化为特色，设计建造集旅游观光、文化体验、影视拍摄、休闲娱乐为一体的文化旅游小镇。以四女寺村、吕庄子村等为核心，规划建设运河民俗文化村落。民俗文化以展现运河漕运、水工生活、船工号子等为主题，以村容村貌提升、庄户剧团演艺、民俗产品生产为动力，集聚发展一批以"运河人家"为场景的民俗文化集聚区[①]。规划提升四女寺景区，加大景区主题内容建设，打造成为青少年"四德"建设的重要阵地。

三 "百驿"：总体布局百个"运河驿站"

运河驿站以"运河文化轴"为核心，向大运河德州段全线及德州市主城区延展，规划设计运河驿站。在运河沿线首先规划设计"运河驿路"，运河驿路规划设计上包括汽车自驾游观光线路、自行车观光线路、步行健身线路。观光路线同时适宜举行大型马拉松比赛、小型赛车会、运河徒步健身等活动。运河驿路每间隔一定区域即设置一处驿站，驿站具有区域游客接待中心、文创旅游产品展示销售、旅游观光、网红打卡地的功能意义。驿站服务功能上，主要设置房车宿营、游人休憩、写生创作、饮食生活等基本设施；驿站形象上，在标识、色彩、名称上进行统一设计，赋予一定的宣传、引导功能；驿站建设风格上，以漕船、民居等元素为依托，融入现代新中式文化元素，建设实用、温馨、宜居的多元文化驿站；驿站管理上，招募有文化情怀的乡贤、匠人、志愿者，长期在此居住、生产，并承担

[①] 吴元芳：《山东省运河区域民俗旅游开发研究》，《经济问题探索》2008年第2期。

一定的服务工作①。

运河驿站结合重要的文化节点进行设置。重要的旗舰性运河驿站可以在运河文化广场、四女寺水利枢纽、丰乐屯等处设置；运河文化广场驿站可以结合大运河德州段游客服务中心进行统筹建设；四女寺水利枢纽驿站结合四女寺水工文化展馆统筹建设；丰乐屯驿站结合生态农耕文化展示进行统筹建设。其他站点建设标准型运河驿站，主要有如闸子滚水坝、北厂、漕仓遗址、运河码头、苏禄王墓、窑上窑址等历史遗产传承点；休闲文化体验点有"哨马营"生态湿地景区、九龙湾景区、金荷园、长河芦雁湿地公园、老渡口，以及胡官营、罗家院等一批特色村落；另外是工业遗产时代文化创新点，主要包括德州机床厂旧址、德工机械厂、老电厂、化机厂、仓储建筑群等。

驿站设置主要从运河核心区段开始，然后按照运河河道、城市脉络进行延展建设。运河河道包括城区段的减河、岔河，以及武城县、夏津县区段的运河区段。城市脉络节点包括德州博物馆、苏禄王墓博物馆等文化中心场馆，以及董子文化街、山东新街口、大运河古玩城、梁子黑陶产业园等文化园区、重点企业。通过运河驿站的布局建设、辐射延伸，形成以运河为核心、全市贯通的文化脉络②。让运河文化触角逐步延伸到各个街道社区、机关、企业、学校，形成浓郁的运河文化氛围，为打造运河历史文化名城奠定坚实的基础。

---

① 王春花：《京杭运河沿线驿站与运河关系初探——以地方志资料为中心的考察》，《中国地方志》2016年第3期。
② 孙涛、杨煜达、李德楠等：《大运河山东段古河道及船闸考察与清代山东段运河高程重建》，《历史地理》2016年第1期。

第六章　大运河德州段文化旅游基本工程

大运河德州段文化旅游发展是一个庞大的系统工程。从保护优先的角度出发，文物保护利用、古城记忆梳理挖掘等方面的工作成为首要的基本工程。其次，才是在保护基础上的利用、发展和创新，因此，本章从工程的系统程度、重要程度、逻辑顺序考虑，将前置性、基础性、紧迫性工程列为基本工程，作为整体工程的基础工作来做。

第一节　大运河文物保护利用工程

大运河德州段重点文物多集中在南运河河段。南运河德州段是世界文化遗产核心构成要素，区段内同时符合世界文化遗产的遗产区、缓冲区以及全国重点文物保护单位的保护范围和建设控制地带管控要求。根据《中国大运河遗产管理规划》《大运河遗产保护与管理总体规划（2012—2030）》《大运河遗产山东段保护规划（2012—2030）》《大运河山东段核心监控区国土空间管控导则（试行）》等上位保护政策要求，从大运河沿线文化遗存和河道水系方面做好保护工作。

一 文物遗存保护

文物的保护是多方面的复杂工程，就德州大运河文物保护工作来说，主要应从以下几个方面做好工作。一是在保护范围内逐步搬迁影响文物安全的建筑物；二是保护范围与建设控制地带尽快设置与环境相协调的界桩、界碑；三是尽快做好文物保护修缮工作，如将德州电厂机房、德州城墙遗址、北营清真寺等文物在综合评估的基础上，根据病害防治的紧迫性分批开展文物本体保护修缮工程；四是深入开展运河沿线各文物点与运河文化的关联度研究，尽快启动北厂漕仓遗址、北厂沉船遗址、桥口遗址等与运河关系紧密的遗址考古工作，为系统构建南运河价值阐释体系提供学术支撑；五是开展环境景观整治提升工程，统筹九龙湾湿地公园、苏禄王墓博物馆、漕仓遗址公园、古城墙遗址公园等开展环境整治工作；六是以德州大运河主题博物馆建设为核心，优先考虑利用运河沿线闲置文物建筑、历史建筑，规划分级分类的运河文化展馆、研学基地体系，构建大运河德州博物馆群落。

表6-1　　　　　　　　德州市省级以上重点文物统计

级别	名称
世界文化遗产	大运河南运河德州段
全球重要农业文化遗产	夏津黄河故道古桑树群
国家级文物保护单位	苏禄王墓、大运河南运河德州段、四女寺枢纽、德州码头
省级文物保护单位	苏禄王墓、大运河南运河德州段、四女寺枢纽、德州码头、五里冢遗址、禹王亭遗址、神头墓群、惠王冢遗址、三女冢、窦家遗址、尹屯遗址、朱庄墓群、冯李汉墓、乐陵文庙等

资料来源：《德州统计年鉴（2021）》。

二 运河河道水系管护

运河河道本身就是文化遗存，德州最早的运河河道是距今1000多年的隋运河河道，运河河道水系管护方面主要做好以下工作：一是尽可能维护河道形态和传统堤岸，工程遵循可逆原则和可识别原则，各类工程应注重保留南运河留存至今的所有历史信息，如外形和设计、材料和实体、用途和功能、方位和位置等；二是提高河系防洪能力，出台政策措施鼓励尽可能运用非工程措施、传统技术、传统材料、传统结构和传统工艺建设河系防洪体系；三是进行日常保养和监测，保证正常运行和使用，开展预防性保护工作，增设运河水质监测断面，逐步改善运河水质条件；四是在专业考古配合下，对局部淤积严重河床进行清淤，适当清理影响行洪的植物；五是拆除侵占堤防的各类临建，迁移侵占堤防及护堤地内的非法建构筑物，拆除河滩地内蔬菜大棚等与水利无关的影响行洪或运河景观环境的建筑物；六是统一设置警示牌，进行河堤及护堤地清杂清污，选用当地或水边的适生物种，配合运河景观和河道生态需求进行植物配置，根据南水北调东线工程需求，实施南运河输水河道整治工程[1][2]。

---

[1] 王新军、罗继润：《城市河道综合整治中生态护岸建设初探》，《复旦学报》（自然科学版）2006年第1期。

[2] 周三元、王强、朱菲菲：《大运河沿岸城市垃圾回收与河道治理协同机制研究》，《科技管理研》2019年第18期。

第二节　历史文化记忆恢复建设工程

德州是历史上有名的运河名城，要开展历史文化记忆恢复的建设工程，就必须尊重历史上德州古城的规制、风格等文化要点，按照文化和生态优先的原则，保护好德州城市格局、历史风貌，一体化打造大运河多维空间。要优化城市空间形态格局，强化城乡空间立体性、平面协调性、风貌整体性、文脉延续性等方面的规划和管控。具体来讲就是要做好以下工作：

一是擦亮古城金名片。在德州古城区域内，按照古城城墙遗址和脉络建设面向市民开放的带状遗址公园。公园重点做好古城墙遗址展示工程，完善市民休闲游憩功能，以及公园亮化工程，通过夜景亮化点亮城墙的夜间形象。

二是规划建设具有历史文脉记忆的环城智能步道。环城智能步道建设工程包括环城步道及绿化景观、智能步行系统三部分内容，建设过程主要通过城墙考古研究确定古城墙分布位置，采集撰写有关历史文化信息，融入健康科技，打造智能步道系统。

三是复活古城活力微空间。通过还原老城门、十字街及老地名的记忆形象信息，梳理串联老城活力微空间，形成古城形象记忆体系。老城活力微空间梳理工程主要包括微空间改造、功能提升、线路串联。可以考虑在广场、建筑首层退界空间或沿街微空间设置具有古城宣传推介、导游向导及服务功能的临时设施，提供宣传图册、游览观光地图、露天咖啡、售货及信息咨询等服务，让古城记忆融入现代生活，让现代生活充满记忆情怀。

第三节　水上旅游廊道建设工程

水上旅游廊道主要功能定位是运河观光、滨水休闲、美食体验、船屋度假，与运河生态廊道形成相互映照的水上旅游观光体系。根据由小到大、由易而难的思维理念，近期构建大运河核心区段水上旅游廊道，中远期实现运河与减河、岔河、马颊河等周边水系联通通航，让游客感受独特的"三川并流"的"州"文化体验[①]。

大运河核心区段水上旅游廊道主要规划建设以下工程：

一是首期旅游通航河段工程。三弯抵一闸段、德城城区段、黄河涯—四女寺段（南运河段）。首期设置运河游船码头：丰乐屯北码头、老渡口南码头、闸子遗址码头、北厂漕仓遗址码头、德州码头、九龙湾码头、黄河涯码头、四女寺风景区码头（南运河段）。运河码头、游船可以选择运河沿线城市还不曾关注的明朝时期风格造型，运河游船购置明朝时期的官船、游船、漕船、舢板船等；游船可以配置主题运河船宴、运河船屋。

二是大运河沿线生态修复和岸线景观建设。对大运河和岔河、减河实行差异化定位，以生态复古风格为主，突出生态修复保育，少量城区段可设置为城市景观风格。通

[①] 俞孔坚、李迪华、李伟：《论大运河区域生态基础设施战略和实施途径》，《地理科学进展》2004 年第 1 期。

过生态修复和岸线景观设计构建三河六岸风景线，生态修复主要是拆除沿线违规建筑、临时建筑，进行植被恢复及岸线恢复；岸线景观设计主要是改善沿岸堤顶路断面，提高景观可达性和步行友好性。面向运河，打开岸线公共空间。

三是恢复"两环"，联通"两横"水系。"两环"是指将运河公园水系、铁路以西故道水系、三七公园水系和原渠连接成环。将二道渠自北向南移，穿越南部片区中心，与原水系连通成环①。联通"两横"为恢复西陈沟—运河—新湖—岔河联通水道。引水道联通西陈沟湿地、运河、运河公园、新湖公园和岔河，与保留的二道渠形成两条横向水系。

第四节　大运河文化博览建设工程

按照主题展览、博物观光、科普研学、民俗体验的功能定位，充分利用已有古建筑、老厂房，规划建设大运河博物馆集聚区。博物馆集聚区以仿古建筑为主，融入船帆、新中式等元素，建设一批富有德州文化内涵的大运河主题博物馆、纪念馆、展览馆。博览馆建设从定位上以实物性、标本性展示为主，与古建筑、古码头相得益彰。

展示内容上凸显中国漕运文化、仓储文化、军屯文化、水工文化等，间以铁路文化、扒鸡文化、黑陶文化、剪纸

---

① 侯兵、金阳、胡美娟：《空间生产视角下大运河文化遗产重生的过程与机制——以扬州运河三湾生态文化公园为例》，《经济地理》2022年第3期。

文化等。适当融入现代声光电技术，给受众一种与都市展馆不一样的感受体验。形成具有多元复合而又对照鲜明的综合性文化展示基地[1]，重塑具有古运河传统文化风貌和现代运河文化精髓的区域文化核心，打造引领京津冀鲁地域文化发展的大运河生态廊道仓储建筑群，建设大运河仓储博物馆。

德州的仓储文化可以上溯到金天会七年（1129年）的将陵仓，作为德州仓储乃至整个漕运辉煌的见证，可以通过对空置粮仓进行巧妙、艺术、朴素的设计，适当还原漕运、仓储、运工文化场景，融入现代人文创意元素，聚合画廊、艺术中心、设计公司、餐饮酒吧等相关业态，形成具有朴素简约和复古色彩的"SOHO式艺术聚落"和"LOFT生活方式"，赋予古朴的粮仓以现代人文的灵性[2]。依托四女寺水利枢纽建设大运河水工博物馆。水工博物馆以普及大运河水工科技、展示水工发展历程、传承水工文化精神为宗旨，充分展现我国古代劳动人民的智慧。博物馆创新建设水工体验项目，深刻揭示水工技术的奥妙，给公众以一种全新的文化体验。

第五节 大运河文化创意集市建设工程

依托运河仓储、老电厂、村庄等空间资源，布局建设

---

[1] 熊海峰、祁吟墨：《基于共生理论的文化和旅游融合发展策略研究——以大运河文化带建设为例》，《同济大学学报》（社会科学版）2020年第1期。
[2] 王娟、张广海、张凌云：《艺术介入空间生产：城市闲置工业空间的旅游开发》《东岳论丛》2013年第8期。

大运河文化创意集市，既是对闲置资源的利用，又是对大运河文化的一种新的传承。同时由于对闲置资源的再利用，可实现对运河民俗风情可持续的传承和发展[1]。就具体做法来说，可以保持原有街区、建筑的格局和风貌以保证其原真性，在重要的节点施以新式的涂鸦，让多元文化交合杂糅焕发出全新的魅力。创意街区集文创产品开发生产、原创设计品牌、文化娱乐体验、美食风味为一体，融入地域文化，如小剧种、小戏曲、曲艺、杂技等元素，形成具有超高人气的文化创意集市[2][3]。

文创产品着重集聚德州黑陶、红绿彩、剪纸、金丝贴等地方文化品牌，逐渐聚合山东、京津冀鲁乃至中国北方文化创意产品。德州黑陶将取土制坯、拉坯成型、软刻打光、钢刀硬刻、烧制成型、微字雕刻等各个环节延展开来，分别进行有仪式感地充分展示。每个环节制定标准化的体验示范，面向大众开放体验。德州红绿彩以红绿彩陶瓷创作、生产为切入点，延展举办陶瓷、书画、蟋蟀等文化艺术交流活动，拉长文化创意、文化交流、会展服务等产业链条。

引进人才建设大师工作室、人才工作站，形成文化产业全链条综合性研习基地。德州剪纸以搞大策划、大创作、大作品为突破口，创建对外交流合作发展的平台窗口。德州博纳创业服务有限公司立足博纳阳光新天地文化产业园区建设，融汇运河古街、集装箱小镇等资源研究开发"博纳文旅商业综合体营运管理模式"，致力于打造以青少年为

---

[1] 王德胜、朱延华：《德州运河民俗》，青岛出版社 2013 年版。
[2] 昝胜锋、刘欣：《泺尚·创意中国调研报告》，山东大学出版社 2017 年版。
[3] 郭玉川：《民间创意产业的崛起——创意集市》，《文艺争鸣》2010 年第 10 期。

主体、以体验服务为主要业态的综合性文化旅游服务项目。

第六节　运河旅游民宿集聚区建设工程

旅游民宿是近年来迅速崛起的一种新型住宿产业，这种产业的最大特点就是有情怀、有个性、亲民风、接地气。民宿最初的萌芽就是乡村的闲置民居，用来接待有采风、民调需求的顾客。在运河岸畔发展旅游民宿集聚区，就是力图通过民宿建设集聚有情怀、有个性的人脉。具体做法就是按照统筹规划、合理布局的原则，在运河沿线村镇、街区集中打造运河旅游民宿集聚区。顶层设计建立运河民宿与城市星级酒店、旅游景区旅行社运营协作关系，实现共享客源市场、拉长民宿产业链的发展目标。

围绕健全产业链条满足游客多元化需求，倡导旅游民宿和旅游饭店联袂打造度假、康养、商务等主题的餐饮品牌，鼓励德州地域特色小吃等市场主体参与经营，引领德州餐饮文化市场，彰显德州旅游民宿集聚区的独特魅力。分别以黄河文化、运河文化、德文化、枣文化、黑陶文化等人文主题打造精品旅游酒店，鼓励发展精品民宿、乡村客栈、露营地、房车旅居等新业态，贯通各类酒店与民宿之间的脉络关系，整体形成布局合理、组配合理的住宿接待服务体系[1]，运营管理上制定运河旅游民宿建设运营基本规范，出台相关建设运营指导意见。

---

[1] 王伟、宋春花：《运河生态文化发展下的美丽乡村建设——以德州地区为例》，《农村经济与科技》2020 年第 4 期。

旅游民宿空间上主要沿大运河文化轴线两侧及"南部片区""北部片区""西部片区"布局。运河旅游民宿建筑材料上采取德州传统土坯墙、砖墙、条石地基、茅草顶，结合徽派建筑的白墙黛瓦、马头墙，按照运河、黄河、农耕等多元文化主题，融汇德文化、孝文化、水工文化等文化内涵，建设具有都市风貌、乡愁气息、现代简约、智能便捷的运河民宿集聚区。

运河民宿建设采取多元投资的方式，鼓励村集体、村民将老房屋、闲置庭院、多余房舍进行修缮，积极参与民宿建设[1]。村庄街道、民宿院落保持乡土风情，主要节点配以蓑衣、斗笠、船橹等物件，室内陈设以农民画、草柳编、印花布等民俗产品为主。建设试点上以桥口村、哨马营、丰乐屯为突破口，先期规划建设规模适度、档次组配合理的民宿接待服务体系。远期规划建设以夏津前屯村、武城闫家村、德城区吕庄子、临邑大蔺家村等传统村落民居为核心，建成全市纵向贯通、横向互补、智慧管理的精品民宿体系。

第七节　大运河美食文化街区建设工程

以大运河文化博览、文化创意、民宿建设等为主要依托，按照特色鲜明、经济实惠、安全卫生、布局合理的原则，建设形成由"美食街区、咖啡酒肆、品牌网点"构成

---

[1] 赵飞、姜苗苗、章家恩等：《乡村振兴视域下的乡村民宿发展研究——以增城"万家旅舍"为例》，《中国生态农业学报》2019年第2期。

的点线面层次鲜明的餐饮布局空间体系。围绕讲好运河故事、传播德州文化这个发展使命，进一步梳理大运河餐饮文化特色，丰富文化内涵，提升美食餐饮品牌形象[①]。

空间布局上，先期可以依托北厂漕运遗址建设"运河百味坊"。"运河百味坊"以德州扒鸡、羊肠子、撅腚豆腐、武城萱饼、宋楼火烧、保店驴肉、签子馍馍、长官包子等作坊为核心，建设具有运河风味、德州特色的美食餐饮街区。远期从提炼建设德州美食"IP"出发，将德州扒鸡、保店驴肉、布袋鸡、齐河酱牛肉等地方名吃有机组合成为"美食集成"，在全市进行复制推广，为打造美食德州提供内容支撑。

另外，要加大德州大运河美食文化的推广传播，重点推出到德州"不得不吃"的美食系列，积极开发黄河宴、运河宴、红枣宴、禹王宴、董子八大碗等一批本土特色餐饮品牌。开展美食文化进园区、进社区、进商场、进企业行动计划，以德州董子园、运河古街、苏禄王墓博物馆、齐河黄河生态城、夏津旅游小镇、禹城新街口、宁津欢乐谷为主要载体，致力打造特色美食街区、市民美食厨房、区域美食夜市。

---

① 边雅静、毛炳寰、张振兴：《品牌体验对品牌忠诚的影响机制分析——基于餐饮品牌的实证研究》，《数理统计与管理》2012 年第 4 期。

第七章　大运河德州段文化旅游发展示范项目

根据大运河文化旅游的文化内涵、基础条件，德州段有较多可以发展的工程项目。但是由于空间、资源的限制必须从众多的项目中有所取舍，就一定要从主体形象的需要以及市场前景的判断，把代表德州文化内涵价值、品牌形象、市场未来的项目作为示范性项目，引领德州文化旅游市场的发展。

第一节　北厂漕仓文化公园建设项目

北厂漕仓遗址位于德州城西北南运河东岸北厂村，位处南运河与京沪铁路之间，地理环境多为村庄、农田和漕仓遗址，自然生态基底条件良好，是建设漕仓文化公园的良好选择。

关于漕仓文化公园的建设定位，要在充分了解德州及周边的客群需求的基础上，立足生态文化基底，打造以生态环境为核心、以文化基底为内涵、以绿色乡村为载体、以康养医疗为特色、以休闲旅游为目的的都市微度假旅游基地。规划发展以运河漕仓文化为主题的运河漕仓文化展示、研学营地、旅游配套服务、生活生产的文旅产业项目。

关于漕仓文化公园的发展战略，面对文旅升级和城市功能完善的双重诉求，要将文旅发展融入城市生态、城市消费、城市功能和城市建设中，以文旅康养服务和配套供给城市需求为主，提高产品和服务的附加值。同时树立"轻介入、微更新、轻资产、精运营"的发展理念。扎根乡村，凭借轻介入和微更新的方式，为乡村营造公共空间，为村民激活公共生活，使其延续原生生活状态；巩固提升核心产品，丰富发展营地旅游、研学旅游等特色主题旅游，凭借轻资产和精运营的方式充实旅游产品的文化内涵，提升旅游核心竞争力。

根据漕仓文化的内涵，可以从功能分区的角度，分别规划建设漕仓文化遗址公园、"十二连营"主题研学基地、北厂运河小镇。

规划建设大运河漕仓遗址公园要因地制宜，力求还原历史场景和地域特色，同时融入艺术性的创意设计，新旧交融，使遗址与城市公园相结合。既体现出现代文化品质，又达到回归自然、重塑本源的设计效果。文化展示部分采用复建策略，在原有遗址的基础上，参考大量文献资料，本着"原遗址、原规制、原材料、原工艺"的原则，进行一定规模的复建。内容建设上依托漕仓遗址、仓储文化资源，复建陵州仓、将陵仓、水次仓、德临仓等漕仓风貌。围绕漕仓遗址、沉船遗址设计考古盲盒、考古探险活动，弘扬运河漕仓文化。设计粮食集场、漕运公馆、监兑分司等主题园区，开发运河剧本杀游戏，使游客获得沉浸式、全景式的旅游体验。漕仓文化遗址公园加强了遗址纪念性，充实了遗址教育内容，充分发挥了在实现中华民族伟大复兴的中国梦中遗址建设的重要作用，有利于开展爱国主义教育、培育社会主义核心价值观。同时，也为漕仓文化的研究提供了丰富的内容与多元的视角。

十二连营主题研学基地，主要结合明代"十二连营"护北厂仓储的历史文脉和遗迹遗址，开发各类研学和拓展（运动、军事）游产品。赋予"十二连营"新主题内容，建立漕运营、运河营、拓展营、骑兵营、弓箭营、书画营、神机营、铸剑营等十二个主题研学拓展营地，再现"十二连营"。举办仓储保卫战、营场操演、运河练兵场等主题日活动。开发运河兵营文创产品，设计"运河护照"，开展运河寻宝系列活动，丰富营地业态，引领消费升级。

"十二连营"主题研学基地，主打研学教育营地，依托德州历史文化资源、历史漕仓故事，融入社会主义核心价值观文化内涵，策划编制具有现代审美价值的研学课程，培养青少年健康向上的审美情趣，在丰富多彩的研学活动中对青少年进行热爱历史、尊重智慧的思想教育。同时在场景建设上，最大程度将现有场地与规划相融合，在区域规模下使构思精妙的营地融入德州运河沿岸优美风景。总体规划的各个方面都必须保证青少年能够与环境零距离接触，通过与景观的互动，利用公共空间的作用为青少年提供新的学习机会。同时利用文化与景观之间密不可分的联系开展国家倡导的国防教育和研学活动，培养青少年的爱国之情①。

北厂运河小镇是依托北厂社区改造建设的运河文化小镇，还原历史上北厂漕运重镇场景，打造运河主题民俗文化街区。小镇以漕运生活为主题，以生活体验为媒介，实现历史、文化、地域、空间和运河景观的有机交融。在建筑风貌方面可以探讨复建明朝风格，重现北厂村历史街区的建筑风貌、街巷空间、生产生活场景，复兴传统的宜商居住环境。总体来说，即通过对北厂村更新设计与文化复兴实践，创新性地营造出既继承传统、接续文脉，又符合当代使用（新生活方式）需求，且能实现可持续发展的人居环境②。关于小镇的文旅业态，可以考虑建设运河民俗美食街区、德州非遗工坊、运河人家酒店、漕运与非遗主题运河人家民宿集群等项目，进一步放大德州扒鸡美食、德州黑陶等运河非遗文化元素，设计运河户外实景、民宿庭院微演艺项目，展现德州运河文化风情，实现文化旅游业态集聚发展。

第二节 运河仓储建筑群文化中心建设提升项目

运河仓储建筑群是运河沿线少有的原真性遗产，要本着尊重历史、还原生态、经济和谐的原则，做好项目的建

---

① 胡惠林：《文化产业正义：文化产业发展的历史地理学问题——关于文化产业发展新战略理论思考》，《上海交通大学学报》（哲学社会科学版）2009年第5期。

② 傅才武、岳楠：《论中国传统文化创新性发展的实现路径——以当代文化资本理论为视角》，《同济大学学报》（社会科学版）2018年第1期。

设提升工作。建设提升项目以"运河印记"为题、以文化展示、文创中心为主要业态,对运河仓储建筑群保护利用项目进行创意策划和实施。项目以运河仓储建筑群整体空间为载体,集聚运河文化元素,再现运河文化场景,传承运河文化记忆,弘扬运河文化传统,促进文化旅游融合,建设大运河沿线城市差异化发展的亮点项目。项目空间位于大运河东风路桥以北东岸区段,留存建筑六座,其中五座为国家级文物,一座为老旧建筑。六座仓库分为南边三座,按照南北西东顺次分别为1、2、3号。北边三座仓库由南北、西东顺次分别为4、5、6号。按照编号顺次分别命名为运河印记、文化中心、艺术中心、大德之州、文创中心(5、6)。其中2号改建为多功能会议厅,3号改建为文艺排练场。

一 南侧三座仓库的基本创意

(一)运河印记

1号仓库可以创意规划为运河文化展览馆。内容主要包括运河漕运文化、码头商贸文化、粮仓储运文化、运河号子等。粮食漕运是运河第一要务,德州在粮食储运方面承担着特殊的使命。现如今保存良好的仓储建筑就是一个明证,德州运河仓储建筑群是运河沿线著名的地标建筑,是德州粮运文化的象征。运河粮仓过去有近百座,运粮码头是过去最忙碌的码头。粮仓建设坚固实用,至今数百年屹立如故,其中蕴含了德州人民的劳动智慧。这一运河文化展览馆着重描述德州是如何从名不见经传的"屯军之所",一步步成长为远近知名的"漕运之都",享有"九达天衢""神京门户"之美誉。通过讲述德州作为粮仓的战略意义和使命担当，彰显德州在沿运河城市中的特殊地位。

（二）文化中心

2号仓库主要定位为多功能文化中心。在原有的功能布置上，结合国内外大型会展场馆的设计经验，规划建设标准展厅、会议中心、商业配套、办公设施等，整体装修以"简约、大气"为设计基础，融合大运河风格元素，以曲线造型吊顶突出运河文化符号。同时还利用展馆拓扑空间，形成具有鲜明特色的"内街"，达到"平展结合、展陈融合"的效果。

（三）艺术中心

3号仓库主要定位为歌舞艺术创作排练和演出中心。在现有设施基础上，进行进一步的装备提升，以年轻人中所流行和喜爱的"国潮风"赋能艺术中心。项目空间按照时间白天分别进行歌舞、戏剧、曲艺等创作排练，夜间分别举行开放式演出。

二 北侧三个仓库的基本创意

（一）大德之州

4号仓库定位为德州地域文化展馆，主要展示德州自先民有鬲氏以来4500多年的文明发端、隋大业元年的运河凿空、明清时期的漕运繁盛的发展历程。重点讲述以下内容：一是儒家文化。着重介绍了中国儒学的第二个高峰——董仲舒，其思想和文化，在德州文化中占有举足轻重的地位，对德州的文化产生了深远的影响，并一度形成了人文彪炳、名士辈出、名甲山左的繁荣局面。二是世家文化。讲述德州卢氏、田氏、谢氏、程氏、北李、南李等家族对于德州文化发展所作出的历史贡献。三是物流文化。主要讲述德州作为现代重要的物流城市，伴随着国际国内物流业的发展而发展的主要历程。重点体现德州从运河漕运时代、铁路运输时代、高速运输时代，再到高铁运输时代的变迁，彰显德州进入新时代的今天，如何突破发展瓶颈，促进高质量发展的重大决策与实践。

（二）文创中心

文创中心由5、6号两个仓储空间组成，主要定位文化创意创客中心，主要业态为文化创意、文化体验、电商运营等。中心文化创意主要以德州黑陶、红绿彩、剪纸、金丝贴、刀工木刻等基础，创意创新引领德州乃至京津冀发展潮流的文化产品。文化体验主要依托德州黑陶等具有德州特色的非遗项目展示体验，开展以研学旅行为主体的文化体验研学服务。

电商运营主要为电商、网络主播提供场所、技术、资金等多方面支持，促进德州特色文化创意产品、非物质文化遗产等领域的产品进行线上营销。运营中心面向社会招募文化创客，集聚社会力量发展文化创意产品，孵化文化旅游项目。中心以大运河文化旅游为主题，按照"开放式、低门槛、全要素"原则出台相关政策激励文化企业、机构积极入驻创客中心。充分发挥入驻企业、创客主观能动性，聚合智慧创新力量，搭建文创实业发展平台。

（三）文化地标——灯塔

文化地标由4号仓库进行加层改造，形成一个托顶形式。顶层以传统仓库为原型，利用玻璃材质可通过增强内部光线的传达突出其存在感，弱化南部高层的视觉压力，成为标志运河仓储文化的城市灯塔。本方案在创意上，主要通过外在的建筑形式打造表现灯塔意象的内在设计理念，使之成为城市的标志性文化坐标。就目前调研结果而言，该建筑群较为分散，通过建立过渡空间进行有效联结，能够增加建筑群之间的联系，共同形成场所精神。

第三节　老电厂文化创意基地规划建设项目

老电厂位于运河核心区域的东岸，是运河发展兴衰的见证。以老电厂为依托规划建设文创基地，对于利用老电厂文化遗存、拉动运河文化旅游具有重要的意义。规划区域以老电厂为基准，北至天衢西路、南至黑马商贸市场、西至南运河、东至商贸大道。与老城市中心隔京沪铁路相望，是德州市客流量大、交通发达、商业繁荣的中心地带。

一　规划思路

项目在规划思路上，可以考虑先由近期的小范围，逐步过渡到远期的大范围。目前规划基地现状内部主要为老电厂旧址及部分农贸市场；规划区周边建设以商业及住宅为主，交通便捷，具有一定区位优势。根据周边环境可以规划为滨河带状公园区、老电厂文化公园区、配套商业区三大部分。滨河带状公园区主要沿运河两岸打造观景平台、慢跑径等多个节点，全方位营造亲水和互动空间；老电厂文化公园区主要依托老电厂遗址，在继承和梳理原有城市记忆和场地文化内涵的基础上，补充和完善城市绿地功能和设施。配套商业区通过特色餐饮、主题商业等商业和文化功能的方式提升区域活力，弥补人气活力较弱等弊端。

二 交通组织和空间疏解

在交通组织和空间疏解方面，要做好空间和时序的统筹。通过合理规划交通路线来加强内外部联系。基地右侧新建区域道路，增强地块外部可达性；改造优化运河沿岸堤顶路，突出慢行体验，打造滨水区便捷畅达的绿色交通。结合公园道路塑造通河步道，从而使河道沿线空间真正开放，形成曲折多变的滨河绿地，增强绿地的趣味性、使用性和景观效应。建设以突出强调保护、注重控制开发利用强度为原则，采用近远期结合、差异化实施的策略，逐步改善片区环境，实现城市空间的更新优化。近期主要规划电厂南侧场地及部分黑马商贸市场临时建筑，打通绿化步行通廊，拓宽滨河带状公园，改善局部道路交通微循环；中期腾挪部分电厂宿舍用地，增设文化公园与部分配套商业设施，但是一定要保留电厂宿舍风貌，保留部分居民生活，传承活态文化元素；远期条件成熟后对整体项目基地进行形象提升。

三 空间利用

在空间利用发展文创产业形态方面，一是积极打造"德州有礼"特色文旅商品品牌。重点开发文创产品、工艺美术品、土特产品、文化纪念品、旅游专用品等产品类型。依托德州市丰富的非物质文化遗产和文化资源，推动文化产品创新研发。举办文创旅游商品创意设计大赛，激发文化设计创意活力[①]。二是发展数字传媒产业中心。以德州广电、德州学院、星感觉等为依托，集聚数字传媒等新媒体、

---

① 何佳讯、秦翕嫣、才源源：《中国文化背景下消费行为的反向代际影响：一种新的品牌资产来源及结构》，《南开管理评论》2012年第4期。

自媒体产业，形成新媒体产业集群，重点发展微电影产业，建设微电影产业园、婚俗风情外景拍摄基地等。三是网上直播带货培训基地。积极推动短视频和直播带货，在全区各企业、门店组织开展网上直播带货培训，培育2000名网上直播带货达人。支持各机关企事业单位为文化旅游商品企业搭建各种线上、线下展销平台，如天猫、京东、拼多多等电商旗舰店，以及德州特色商品年货大集、德州市文化旅游商品展销会等。

四 风貌建设

项目发展的风貌建设方面，要在保持原有厂房、民居、树木等历史风貌和特点的基础上，对其进行一定的修缮改造，以适应现代社会审美要求。提升手段要以传统的手作方式为主，适当借助现代科学手段，把建筑的每一个细节做到精细。就像老电厂的厂房，经过加固、装修，就变成了一种具有现代感的独特建筑，但是它依然保持着原有结构与沧桑感，让创客和游客感受到古代与现代、传统与潮流的交融对话。也就是说身处复古的文化场景，亦能感受到现代的气息，如此我们便给后人留下我们这个时代应有的贡献。

第四节 运河民俗文化村规划建设项目

一 项目定位

民俗文化村建设主要定位就是践行"两山理论"，还原运河人家民风民俗，展现运河（乡村）风貌，发展运河文化旅居新兴业态，推动乡村文化发展和产业振兴，打造乡村振兴齐鲁样板示范区，具体规划发展思路为如下。

一是依托大运河（德州段）运河乡野文化承载的主要空间，通过美丽宜居乡村建设改善乡村风貌、营造宜居宜业宜游的乡村振兴发展氛围，布局运河乡土文创、乡村休闲产业，推动乡村一二三产业融合，壮大乡村经济[1]。

二是链接土地生产与乡居生活，实现生产、生活、生态的有机结合。集约化利用土地、差异化布局业态，发展运河庭院经济、营造乡村景观，推动运河乡村景区化建设。

三是突出运河乡村环境下的教育功能，通过运河与乡村的联动发展，探索乡村振兴的德州运河乡村模式，通过乡村振兴培训基地的建设提升村民发展意识，培育"新农人"群体，推动乡村人才振兴[2]。

二　建设路径

民俗文化村主要建设路径方面，前期选择一定数量的村庄，每个村庄合并改造2—3处闲置民居，建设大运河乡村民俗馆、演艺庭院、手工坊等示范性工程，出台相关政策引领群众自发发展文化旅游项目。配套建设乡村图书馆、定期举办新农人讲座、乡村产业升级讲座、乡土文创培训、乡建沙龙等活动。因地制宜，引导运河乡村差异化发展。分类推进运河农庄、亲子农庄、运河农家乐、运河人家民宿、大运河现代农业产业园、大运河田园综合体等示范性产业项目发展。

---

[1]　陆林、任以胜、朱道才等：《乡村旅游引导乡村振兴的研究框架与展望》，《地理研究》2019年第1期。

[2]　李泉、王云：《山东运河文化研究》，齐鲁书社2006年版。

三 风貌建设

在民俗文化村的风貌建设方面,一是实施美丽庭院设计,对院落进行休闲化提升,增加游憩功能,设计庭院景观。借助房顶露台,设置观景台和露天休闲区,增加运河元素的游憩设施,使之成为游客休闲、小憩的场所;二是建筑风貌控制,严格保护村落内土坯房集中区域,注重保护土墙、现状道路的原始风貌,保留村落传统建筑特色和文化机理;三是游憩节点建设,景观布置要体现乡村历史文化,主要包括村史村志展示,运河文化、农耕文化和民俗文化等。

第五节 东盟文化产业园区规划建设项目

东盟国家和中国自古以来就具有"地缘、族缘、文缘相通"的优势,文化交流源远流长。德州作为苏禄国东王后裔守陵村落所在地,见证了中国—东盟国际友谊的发展,成为国家"一带一路"交流合作与发展的重要窗口。为进一步加深德州与东盟之间的联系,促进中国—东盟各国和各族人民共享文化交流的成果。依托苏禄王墓博物馆建设东盟文化产业园区,进一步搭建多主体、多渠道的对外交流合作平台。

一 规划思路

在项目规划思路方面,文化产业园区总体定位是建设山东东盟经济文化产业融合发展示范园区。产业形态以观光旅游、民俗体验、文创产品等为发展重点,建设经贸、文化产业园区，聚焦与东盟国家经贸、文化、教育、旅游等各领域的交流合作，突出"研发、制造、交易、服务"功能。东盟文化园规划包括5个片区，分别为苏禄古村、苏禄御园遗址公园、文化创意产业园、山东—东盟融合交流合作服务平台和周边社区清真特色商业街（家园中心）。

苏禄古村是园区核心资源，将以北营村为核心进行风貌保护，塑造东盟民宿特色，鼓励居民自主更新；苏禄御园遗址公园将围绕苏禄王墓文化遗址等营造肃穆幽静的空间氛围；文化创意产业园主要围绕区内老旧工业厂房进行改造提升，发展文化创意创客中心，打造文化IP；山东—东盟融合交流合作服务平台将打造电商中心、文创产品展示中心、物流中心、停车场；清真特色商业街（家园中心）将围绕周边社区规划建设具有清真民族特色的商业文化街区，增加绿化面积，改善人居环境。

规划建设发展平台，构建山东—东盟交流合作服务平台。充分利用现有文化商贸资源，开设线上线下交流合作服务平台，制定五年发展规划和年度工作要点，充分展现我国在国际舞台上对外交往中"和"的传统思想，以及提倡各国文明相互交流，推动各国和平发展、相互支持、合作共赢的发展理念。用文化沟通来跨越文化障碍，用文明互鉴克服文化矛盾，用文化和谐战胜文化优越。从而促进德州与东盟不同国家和民族之间的文化交融，以及商贸之间的交流合作。

二 园区建筑风格

在园区建筑风格方面，要充分体现中国传统庭院建设和东盟建筑风格的完美结合。在规划区内建设线条修长利落的双层单体建筑群，建筑群面向中央花园，并沿地块周边园林布置。建筑群平移错落的排列，形成自成一角的私密空间，让访客尽情享受及放松。同时，房屋之间以流畅有序的庭院花园及有盖行人道连接，将户外自然环境与室内空间无缝连接，提供舒适开放的空间，让访客轻松游走恬静的私人空间和共享小区。倾斜的屋顶及标志性的梁柱呼应传统设计，凸显统一的整体建筑设计，更与当地小区建立密不可分的联系。

贯彻实施关于苏禄王墓区域的保护规划，根据所划定的区域及相应的保护措施和控制要求，对苏禄王古村落的历史遗迹及总体格局进行保护。在建筑上，既要延续历史文化，又要倡导建筑设计上的创新，以反映城市景观的多元化与复杂性。以人为中心，以园林的可持续发展为目标，根据人类活动的规律进行科学地规划，营造一处舒适度高的都市微空间[1]。要重视景观的可持续利用作用，以达到可持续发展的目的。

三　环境风貌整治

遵照产业形态和周边环境相协调的原则，加强社区环境整治。规划范围内共涉及两个社区，分别为北营社区和荣庄社区。交通线路方面保护原有村庄的街巷肌理，以及保持原有的空间尺度和比例。严格落实文物保护要求，将危害文物本体安全的建（构）筑物，以及与文物保护管理无关或影响文物历史风貌的建（构）筑物等逐步改建或依法拆迁。与文物保护管理相关且影响文物历史风貌的建

---

[1] 董贺轩、刘乾、王芳：《嵌入·修补·众规：城市微型公共空间规划研究——以武汉市汉阳区为例》，《城市规划》2018年第4期。

（构）筑物应进行整治改造，改建后建筑高度不得超过 4 米（注：中国传统坡屋顶建筑按其建筑檐口高度计算，其他建筑按最高点计算），规模不应超过原有建筑规模，风貌应与苏禄王墓历史风貌相协调。

  关于家园中心和守陵村落风貌提升。首先，对守陵村进行改造，使守陵村的面貌符合祭祀礼仪的功能需求。鼓励北营村民与菲律宾开展民间交流与贸易往来，借鉴菲律宾现代民居民俗发展个性化居住环境。保存一些具有历史意义的建筑，可以展示守陵村不同历史阶段的代表性建筑。例如德州的工业遗址被保留下来，成为苏禄王陵守陵村的旅游和社区服务设施。其次，发展有特色的生活服务设施。北营、荣庄两个社区要按照"15 分钟生活圈"的标准，重点配置文化健身类设施、养老设施、社区商业设施、文化活动站、多功能运动（球类）场地、室外综合建设场地（含老年户外活动场地）、社区商业网点（超市、药店、洗衣店、美发店等）、公共厕所、非机动车停车场、机动车停车场[①]。所有这些设施场站都要考虑北营村民族特色和园区特色的需求，重点植入具有清真民俗和东盟文化特点的元素。再就是同时在西北角植入家园中心，保障居民生活需要，并对沿街立面进行美化提升。

[①] 黄明华、吕仁玮、王奕松等：《"生活圈"之辩——基于"以人为本"理念的生活圈设施配置探讨》，《规划师》2020 年第 22 期。

第六节 小锅市运河聚落建设提升项目

小锅市是明德州清古城消失后相对最完整的历史遗迹片区,在一定程度上来说,小锅市承载着德州过往的文明和几代人的记忆,也应该成为传承德州运河文明发展新型文化业态的重要载体,小锅市位于德城区西北角,是一个典型的少数民族(回族)社区,也是德城区回族人口最多、最集中的社区。该社区地处陵西路以西,京杭大运河以东,南与桥口接壤,北与北厂村接壤,总面积0.62平方公里。小锅市保存了相对完整的历史遗迹,其中保留下的小锅市街是德州老城与北厂官仓的主要交通运输线,这条运输线就是通过桥口街与北京御道相贯通的粮运商贸运输线。

一 建设基本定位

在项目的建设定位和理念方面,小锅市运河聚落主要为集聚原居民部落文化和运河景观的综合性运河文化街区,打造运河沿线渐进式更新的山东样板。从建设的具体方式上摈弃原来"一刀切"的拆除重建和全部征收方式,转向为民生改善、社区生活提供服务和支持。充分尊重老百姓"迁"与"留"的意愿,以"小微式、渐进式"的方法对小锅市进行更新。采用以"院落和幢"为单位,按照"公房腾退、私房收购或租赁腾迁、厂企房搬迁"的方式推进示范区建设工作,形成一定数量具有典型示范作用的院落。然后鼓励支持小锅市居民对居住环境按照一定规制进行有限改造提升,提升目标要体现传统文化内涵和传统建筑风格，契合运河聚落总体定位和指导思想。

二　建设规划布局

在建设布局方面，根据现有资源条件和空间，小锅市的规划结构为"两带、两道、三区、多点"。"两带"为南运河景观带、运河故道景观带；"两道"为小锅市街历史文化道、桥口街历史文化道；"三区"为德州文化民俗展示区、运河故道文化旅游服务区、城郊休闲农场区；"多景"为董子书院、稻香菊园、清真古寺、多彩民俗、河神趣游、堰工访怀、桥口寻古、钞关商贸、御道桥口、行宫探幽。近期将实施贯通青年路、打开清真寺界面、建设德州文化民俗展示区（家园中心）和梳理产权，收储闲置房屋四项更新意愿最强烈、实施难度较低的工程。远期实施整理桥口街和小锅市街、历史建筑恢复、民居自主更新、恢复行宫（西南角）和改造焊接厂及周边（东南角）四项实施难度较大的工程。

着手实施德州文化民俗展示区（家园中心）。德州文化民俗展览区位于农行宿舍、厂房、仓库及部分住宅小区，其中一、二层楼为主体，但整体质量不高。通过拆除和改造优质建筑，增加文化娱乐和商业综合体、幼儿园、社区体育中心、社区文化中心、老年日间照料中心、民俗文化广场、市民公园、公共停车场等，提高区域活力。在设计上，既要保持地方特色，又要兼顾合理的体量、布局和空间效果。在建筑设计上，既要保持原有的建筑风貌，又要突出环保化、生态化和智慧化。

小锅市毗邻运河，要利用其特殊的地理位置对大运河滨河进行景观设计，并增设多功能步道，从使用者的生理及心理需求出发，构造休闲、观赏、娱乐、旅游、展示等多种空间功能步道空间，以此可以带动周边区域乃至城市的运河景观发展。运河两岸服务设施要满足步道空间的功能需求，加强设施的实用性和舒适性。在造型、材料和表现方式上赋予其形象展示、文化传播等其他功能，强调功能复合型的打造，可以满足多种公共活动的使用，从而从深层刺激空间活力的产生。

三 实施自治更新

远期实施居民自治更新策略。小锅市居民自我更新模式是一种高度参与的渐进型保护模式，它包括小区规划和逐步改造，根据地理环境、现状用地、建筑质量、拆迁难度、规划功能等因素，对村庄进行综合分析并得出规划结论；渐进的改造重点是分期、小范围地进行更新。"自治参与"与"社区营造"是其两大特征。自治参与强调村组织和个人作为改造主体，以服务为中心，主导前期政策制定统一规划、后期协调社区建设是最终目的，尊重村庄的历史自然环境和村民的意志需求，创造出富有人情味的生活空间，激发居民的归属感和认同感。

第七节 大运河文化演艺发展工程项目

文化演艺是一个区域单位最活跃的文化因子，大运河文化旅游的发展需要文化演艺品牌的支撑和影响。该项目以大运河文化博览、文化创意、民宿集聚区域等为主要载体，以运河文化、黄河文化、董子文化为主要题材，以系列化、场景化为主要手段，发展大运河文化演艺工程。演艺工程以传统戏剧、曲艺、杂技等演艺为基础，融合篝火晚会、露天电影、灯光秀等主题活动，营造浓郁文化氛围。创新推出以德州运河历史上的重大文化事件、文化成就、重要人物为题材的大型户外实景演出，再现大运河千里漕运、乾隆皇帝下江南、苏禄王与中国皇帝、德州扒鸡故事等历史场景，让德州大运河的故事成为不朽的经典传唱。

近期在南运河德州段沿岸、德州老电厂创作实施"剧本杀"工程。组织德州及全国文学艺术家采风，融汇后羿、嫦娥、大禹、董仲舒、东方朔、颜真卿等人文元素，参照董子书院祭董大典、曲艺界东方朔拜师仪式、泉城海洋极地世界海洋剧场、欧乐堡马术马戏表演、德百杂技蟋蟀谷杂技表演、庆云金山古城开城仪式，以及乐陵千年枣林"开竿节""百枣宴""拜月大典"等活动，创作德州大运河系列大型剧本杀工程[1]。剧本杀工程以大运河、仓储群、漕仓遗址、老电厂等为实景，在全国开展德州大运河剧本杀演艺比赛活动，集全国之智打造德州剧本杀影响力品牌[2]。远期规划将剧本杀工程形成便利化、碎片化作品，普遍植入德州运河主要区域、主城区文化园区、场馆、民俗集聚区域，形成大运河新兴文化演艺产业形态。

---

[1] 罗长青：《当代文学整体评价视域下的剧本杀现象考察》，《南通大学学报》（社会科学版）2022 年第 3 期。

[2] 燕道成、刘世博：《青年文化视域下"剧本杀"的兴起与发展趋势》，《当代青年研究》2021 年第 6 期。

第八节　大运河线上直播发展工程项目

网络直播是随着互联网的高度发达新兴的一种产业形态，在传播方式上是对传统方式有着颠覆性的一种快捷方式。发展大运河线上直播工程，就要立足大运河文化旅游景区、设施、业态、活动，建设网络平台直播体系，开展系统性、全景式网络直播工程。

直播主体主要分为三个类别：一是以景区为主要代表的文化旅游发展状况，包括大运河文化旅游项目建设状况、文化旅游景区优美环境、城市主要地标区风貌发展状况等；二是文化旅游产业园区、企业生产运营状况，主要包括德州董子文化街、德州黑陶博物馆、山东新街口文化产业园、大运河古玩城等集聚性产业园区生产经营情况，以及举办的各种展览展示、产品营销活动等；三是各种地域文化、美食文化、文创旅游产品的直播和带货活动[①]。

线上直播体系建设，采取政府搭台政策支持、市场运营多元参与的方式。由市有关部门、单位牵头开发建设直播平台系统，在大运河主要区段、主城区主要节点、文化旅游景区项目等布局视频采集终端设备。采集视频信息上传直播中枢处理系统，中枢处理系统进行即时处理、配以主要说明后对外即时发布。信息直播发布可采取课程表式的方式，分为早间、上午、午间、下午、晚间等阶段性时

---

① 赵树梅、梁波：《直播带货的特点、挑战及发展趋势》，《中国流通经济》2021年第8期。

段。部分时段和内容可以采取视频录播的方式，进一步增加传播信息量，不断强化直播宣传的效果[①]。

线上直播的重点为文化旅居村落，从村落的环境风貌上，选取古树、古屋、古街等朴素场景，凸显村落的古朴、敞亮、绿色，营造一种质感、静谧的氛围。从村落的生活方式上，选取手工艺匠人作坊生产、家庭妇女女工、传统美食制作、农家农闲娱乐等场景，还原农村生活的本色，激发受众的乡村情怀。从乡村旅居的业态上，从聚焦乡村的文化、民宿、美食入手，展现乡村人们放松惬意的生活状态。从展现乡村文化生活上，聚焦乡村的民俗、演艺和农家赛事活动，凸显人人都可参与的体验性。通过线上直播方式，不断放大文化旅居的效应，集聚更多更大的人群。通过更多更大群体的碰撞，形成长期稳定的旅居群体，带动更多的新生文化业态[②]。从而让乡村成为旅居者追捧的所在，把文化的心灵安放在这儿，让文化旅居成为德州大运河新的生命光华[③]。

[①] 宋立丰、杨正凡、宋远方：《网络直播生态演化与商业模式创新》，《财会月刊》2021年第9期。

[②] 丛艳国、Dexter Hunt、黄铎等：《中国旅居者文化融入及对生活质量的影响——以英国伯明翰市为例》，《世界地理研究》2020年第5期。

[③] 谭志云：《城市文化软实力的理论构架及其战略选择——以南京为例》，《学海》2009年第2期。

第八章　大运河德州核心区段
文化旅游创新工程

　　文化旅游融合发展是大运河国家文化公园建设的基本定位和实践路径。但是对于不同城市、不同区段来说，由于历史背景、文化内涵、基础条件的不同，文化旅游发展面临新的挑战。就大运河德州核心区段来说，一方面它承载了德州千百年来深厚的文化积淀，另一方面它的文化积淀和现有基础条件又不同于其他的区段。这就为德州大运河文化旅游融合发展提出了差异化、个性化的创新发展命题。创新发展的命题主要体现在思维理念的创新、发展内容的创新、实施路径的创新几个方面。本章聚焦大运河德州核心区段文化旅游发展，从整体风貌建设提升、重点旅游片区发展、节庆活动策划、研学旅行运用等方面进行了初步探索。

第一节　大运河核心区段风貌建设创新工程

一　项目区位空间基本情况

　　大运河德州核心区段主要是指南运河德州市运河段，

北起三八西路南至东风西路，东到商贸大道与西部纺织大道之间。当前运河两岸仍有其运河繁盛时期保留下来的业态、村庄、街道痕迹。

区内自然景观主要是以运河为轴的堤岸原生态景观。人文景观自北向南主要包括：东岸的仓储建筑群、田雯纪念馆及龙运湖公园、西岸运河商业古街以及位于两岸的古运河码头。项目以北、以东可到达京沪铁路德州站，以南属于德州运河湿地景观段，内有高档居住区、旧工业区、九龙湾公园及农田、滩涂等。区内交通方面，由于部分地块处于荒废状态，沿河缺少沟通两岸的人行交通方式如桥梁等载体，交通可达性较低，两岸河堤道路交通方式缺少有效管理[1]。

二 项目设计原则及规划目标

（一）坚持生态优先、合理利用原则

在处理河道生态、交通布局、仓储建筑等与周边环境关系上，采取适度植入、疏密结合、总体平衡的手段。在对外延展线路脉络贯通上，尽量尊重植被密集区域原有生态特征，将改造对原有生态体系的破坏等各类负面影响降低。

（二）坚持内容优先、文脉贯通原则

将运河码头、仓储建筑群等，从内容到逻辑上与四女寺、苏禄王墓，以及未来可以开发利用的小锅市、堤口村等文化元素相贯通。形成相互支持、相互印证、相互贯通的文脉体系。

---

[1] 吴殿廷、刘锋、卢亚等：《大运河国家文化公园旅游开发和文化传承研究》，《中国软科学》2021年第12期。

(三) 坚持主题鲜明、差异发展原则

由于该区段位处城市人口居住密集区,城市的喧嚣是该区段周边最突出的问题。该区段在主题立意上应进一步强化与周边环境的反差,凸显大运河的休闲与静谧。在基础设施的灯光亮化方面,采取低密度、低强度的暗区间风格,还原动物昆虫不被打扰的空间特征,在城市发展中保留一份人与自然和谐共生的去处。坚持文化多元、和谐统一的原则。规划建设的大运河主题博物馆、纪念馆、展览馆,以及创客中心、文化集市、美食街区等,要采用不同的建筑风格释放德州运河文化的个性,同时要从整体上深刻体现古代运河的文化内涵和现代运河的文化精髓,支撑大运河文化旅游建设主题,提振大运河文化旅游发展的精气神。

三 项目区域划分和基本风貌

从项目的功能分区上,可以划分为文化中心、滨水休闲、商务接待、民俗体验四大功能区。

(一) 文化中心区

主要是以仓储建筑群为主体,建设"运河印记"文化中心。具体包括文化展示中心、文化创意中心、民俗文化发展中心等。文化中心旨在充分展现运河漫长的发展历程,再现运河帆船、南巡画舫、运河粮仓、德州北厂漕仓等一幅幅场景,诠释纤夫、运工、商贾等一个个鲜活人物形象,弘扬不畏艰难、生生不息,与时俱进、协同创新,海纳百川、忠义诚信的大运河精神。

(二) 滨水休闲区

主要是在亲水岸线区域,对河道内岸进行保护处理,

在已有的栈台设施基础上,增设亭、廊、栈道、栈台等低矮构筑物。通过建立生态廊道连接田雯纪念馆、龙运湖公园等,健全休闲设施,贯通专属休闲路线,绘就河槽内外景色联通,堤防内外景色贯通的滨水景象。并在其中增加碑林文化广场,征集梳理文人墨客对德州、对运河的赞美诗词楹联,以运河文化碑廊等形式植入其间,为游客提供一方沉浸思考、对话古今的场地。建设步行天桥和运河摆渡设施,贯通东西两岸的交流,进一步丰富滨水休憩空间,拓展休闲主题园区。进而打造出一处促进现代生活与古老文明深度对话、人与自然和谐相处的文化空间。

(三)商务接待区

主要是指将运河古街等既有设施进行改造提升而形成新的高端商务服务区域。在运河西岸商业古街基础上,外延古街北段向西跨越堤坝至纺织大街中间的地块,与已有的"一"字形古街结合形成街区"L"状布局,丰富街区的空间形式,增添街区绿植,控制车辆流动,形成绿树成荫、远离喧嚣、歌舞升平的商务步行街,打造田园滨水的高端商务接待区域。建设成为与运河文化中心相配套、服务于大运河文化交流以及地域经济发展的高端餐饮、会议中心。

(四)民俗体验区

主要对运河两岸民居进行保护性利用,建成集文化创客、民宿体验、风味餐饮、民俗展示为一体的文化区域。民俗体验区主要位于北部运河东、西两岸的传统院落民居区。尤其是小锅市、堤口村位处运河与铁路平行的狭长地带,具有运河与铁路文化元素的双重属性,是民俗文化体验的良好空间载体。可以通过对闲置院落的收购或租赁，改造部分院落的建筑内外环境。空置空间分别植入黑陶、红绿彩、剪纸、刀工木刻等文创文化元素，以及魔术、曲艺等地方文化艺术元素，同时布局餐饮、民宿等服务设施。示范带动部分民居区其他居民院落的建筑改造，营造具有德州地域文化特色的民俗建筑空间环境。

在该区域的风貌建设上，仓储建筑群要最大程度保持现有的外貌特征，清理影响仓储本体安全的因素，精准维护建筑本体特别是解决外立面出现的问题。滨水休闲区域要最大程度维持原有的绿色草木状态，特别是不要用现代绿化苗木更新原有野生状态的树木、水草，可以适当植入水面船只，让整个水面充满生机。运河古街作为运河岸畔的主要现代仿古建筑，要限制与运河发展不协调的建设因素，淡化不协调、有危害的业态，真正起到只为运河发展服务、不为运河发展添堵的作用。民俗体验区以做减法、乘法为主，疏解影响运河观瞻的因素，增加强化运河风貌的元素，营造既有美丽景观、又不失烟火气的运河风景线。

四个功能部分之间互为依托、互为涵养、和谐共生，发展成为有一定文化品位、有一定生活功能、有一定生长属性的运河文化原真风貌区域。从长远打算，充分将运河、铁路文化元素相关联，融入现代网红传媒手段，集聚全省、全国、世界更多有志趣、有情怀、有抱负的仁人志士，成为长期生活在德州的文化旅居者，从而把德州打造成为京津冀鲁乃至世界运河城市的文化旅居小镇。

四　交通道路及风貌环境设计

（一）机动车辆限行

机动车道改为东侧航运路，实现东岸河堤连接北部仓储建筑群与南部田雯纪念馆及龙运湖公园，形成地块内的步行区域，在该区域内建立若干个步行为主的主题文化公园。本规划贯彻人车分流的原则，形成贯穿全区的步行系统。其中东岸新港前街与新港后街的西向延长线，在火灾等紧急时刻可以与河堤路相连，将河堤路可以临时改为机动车道。道路规划方面，因龙运湖上的车道较窄，因此做拓宽加固处理，增加车流的同时保证车道的稳固，使得车辆能够快速进入通过航运路。在航运路靠近仓储建筑群一端，打造一个较大的停车场，供旅游停车之用，游人在这里下车，步行参观游览建筑群，而车辆则可沿车道通至北侧的三八路。同时，新建建筑高层南侧有一条消防车道，同样会对西侧的沿河步行道产生一定的影响，因此对该道路的车流进行一定限流措施。另外在本河段建设一至两座仅允许步行的桥梁，将运河东岸仓储文化中心与西岸商业古街乃至民宿体验区相连接，沟通延伸两岸主题区，使之相得益彰，让运河两岸整个片区位成为开放交流的城市会客厅。

（二）景观系统规划

景观系统由南北向的运河轴线，东西向的城市轴线组成，在两条轴线交点的位置获得景观节点。在各个主要节点和标志控制点设置标志性的建筑物，强化游人对德州地域文化的认同感和归属感。加强运河水系治理，融入航船因素，增强运河景观的动态感，活跃封存的运河记忆。考虑到运河尚未通航，水位尚浅，因而船在此仅作为标志性建筑来实现视觉上的景观表达。强调原生态景观理念，运河亲水岸线、步行廊道、建筑景观等仅以清淡光亮勾勒，以彰显与周边城市建筑群的差异化景观。

(三) 区域风貌设计

本区域将高层建筑东侧的航运路与南侧东风西路相结合起来,把西侧的沿河车道的车流并入其他车道,有效利用原西侧沿河道路优美的绿化景观,塑造自然、静谧的自然生态环境步行道,与南边田雯纪念馆及龙运湖公园相呼应,让游客步行通过该路段享受运河自然景观的同时降低了汽车对建筑群以及对游人欣赏风景的干扰。同时,良好的生态环境有利于各种生物的生存繁衍,促进人类与自然的和谐共生。由于运河文化、仓储建筑群会对周围产生一定渗透作用,因此把运河西侧的区域与仓储建筑群区域相结合,共同打造出影响力更大的、更加具有发展潜力的综合体。

第二节　九龙湾文化旅游片区创新发展工程

九龙湾文旅融合产业园区毗邻南运河,规划区域蓝绿本底良好,生态功能显著,是德州市重要的城市公园。运河两岸大面积绿植,具有郊野生态景观特色。九龙湾文旅园区具有多重文化底蕴。一是运河文化。运河故道绕公园而过,承载着运河九曲回转的历史气魄。1953年古运河改道取直,现杨家圈村曾位于运河西岸,改道后位于运河东岸。二是农耕文化。运河岸畔的农田是运河典型基底和自然风貌。三是备战文化。德州市国营自来水公司第一水厂是在历史上备战"水营"的基础上投产建成,承载着德州几代人的历史记忆。

一 规划思路

按照重塑城河关系,汇聚运河精神,明确建设兼具历史底蕴与现代化的"运河汇文水岸"的总体定位,昭彰从城市低洼边缘空间向商业文化活力中心转变的目标,挖掘运河历史、工业文化、生态资源,营造"文化+场景"新城市空间。将城水空间关系从单调剥离转向有机互动,再现运河两岸繁华,建设以近现代工业文化与运河历史文化为主题,以文体休闲、旅游体验、观光购物为主要业态的文化融合园区。

九龙湾片区是展示运河魅力的窗口,通过逐步更新德工机械厂、造船厂等工业遗产,挖掘城市工业文化、运河历史,营造"文化+场景"的获利空间。通过植入运河博物馆、汇文水岸商业区等新功能模块,使九龙湾片区从城市低洼边缘空间向商业文化活力中心转变。通过建设运河绿道、运河景观塔、体育公园、生态湿地公园等城市开放空间,实现城水空间关系从单调剥离转向有机互动,再现运河两岸繁华。

二 总体布局

分为德工文创园、汇文商街片区、生态水岸休闲片区、南运河西岸绿带、生态居住片区五大功能片区。德工文创园区是以商业、娱乐、休闲功能为主的产业园区;汇文商街片区是以商业、公共服务功能为主的水景特色商业街区;湿地休闲片区是以娱乐、休闲功能为主的滨水湿地公园片区;运河西岸绿带是以运动健身、休闲体验功能为主的滨河片区;生态居住片区毗邻运河岸线,是亲水亲自然的低密度生态居住片区。

三　区域设计

规划建设德工文创园。将区内的德工机械厂厂房和办公用房，改造为以工业风格为特色、儿童文体活动为主题，复合商业、娱乐、休闲、酒店等多功能的文创园区。保留德工机械厂内烟囱、厂房以及具有机械厂特色的钢结构构筑物，结合艺术彩绘、喷泉广场、夜景灯光等设计，打造具有现代工业特色与艺术氛围的网红打卡地。

规划建设汇文商业街片区。延伸运粮路轴线，布局运河造船工坊、水岸商街、运河博物馆、初创公寓、市民文化中心等功能区，形成连通运河与德州中心城区的活力长廊。改造原造船厂为运河造船工坊，兼具文化活动、咖啡茶座、观景休闲等功能，形成面向运河的文化活力节点。沿运粮路规划建设水乡风情的户外开放商业街区，汇聚电影院、精品店、滨水餐饮、酒吧等商业服务功能。

规划建设运河博物馆。博物馆以运河商船为设计意向，建筑高度与周边的运河堤坝自然衔接，宛若航行在千年运河上的船队。博物馆东侧拟建设跨越商贸大道的城市活力通廊，连通九龙湾片区与人民公园，形成连续的公共开放空间系统。博物馆与规划建设的运河市民文化中心相呼应，形成九龙湾区域范围的大运河城市客厅。九龙湾公园与运河博物馆、游客中心共同组成运河历史文化科普展示区，传承漕运文化，彰显"九达天衢、厚德载物"的德州老城特色。

生态水岸休闲片区。湿地净化展示区、湿地观鸟区、浅水草泽区等具有生态湿地科教、景观等功能，构成九龙湾片区的生态绿心。为实现生态涵养目标，该片区将运河水引入农田湿地片区，经过一系列包括沉淀、表流曝气、潜流过滤在内的湿地净化过程，还净于河。片区内规划建设运河亲水绿道，沿南运河设置连续绿道，具备休闲健身功能，未来可举办马拉松长跑、自行车赛等赛事活动。片区规划与周边农田相连接，保留场地农田肌理，结合原有植物，设计开发农业研学课堂、大自然剧场、田园小径、手绘攀爬墙、温室乐园、小动物农场等自然科教和田园体验场所，打造都市田园体验区。

有机植入生态居住片区。对南陈庄村进行改造提升，建设为运河沿线的高品质生态居住片区，片区内以院落式低层高密度住区形式为主，按照社区生活圈范围布局社区商业、社区中心、小学、幼儿园等公共服务设施。居住片区规划建设大运河体育公园，保留现有植被，利用驾校搬迁后空地建设各类运动场地，形成与自然生态融为一体，具备改善生态、美化环境、体育健身、运动休闲、娱乐休憩、防灾避险等多种功能的绿色公共空间。

四　建设时序

建设时序上近期实施腾退运河西侧驾校、顺通物流园等；打造游客中心、运河博物馆、九龙湾湿地公园、德工文创园，建设九龙湾湿地公园（包括体育公园、摄影主题公园、生态湿地露营地和景观塔等一系列公共服务和绿地开放空间）等措施。中远期实施联通运粮路、连陈街至南运河西侧，贯通滨河东路；实施杨家圈村、南陈庄村腾退改造，建设汇文水岸商街、初创公寓、家园中心、运河生态住宅等项目。

第三节　大运河核心区段场景式节庆活动创新工程

一　活动总体定位

德州大运河的繁盛，是由于大运河漕运而带来了密集的人流、物流，从而形成了繁华的商贸贸易。在目前运河已经丧失漕运功能的情况下，如何激荡人们的情怀、促成人们的集聚，是德州大运河文化旅游振兴面临的非常现实的问题。依托德州大运河文化资源，以德州运河岸线物质遗产为载体，融入现代文化、科技、金融等元素，创设文化旅游活动场景，举办德州大运河旅游发展大会，打造德州大运河现代版"清明上河图"，是对外宣传推介、拉动文化旅游消费、集聚发展新型业态的重要举措之一。这对于打造德州大运河文化旅游的新形象，开发文化旅游产业发展的新模式，具有重要的现实意义和深远的历史意义。

二　活动文学创意

（一）活动主题

活动主题为"千年运河世纪情"。德州大运河自隋朝大业元年开凿以来，历经千年漫长的发展历程，积淀了德州深厚的文化底蕴。德州的古城、码头、漕船、粮仓等一处处场景，和纤夫、河工、商贾等一个个人物，就是德州人民不畏艰难、生生不息、与时俱进、协同创新、海纳百川、忠义诚信的精神根基。本项目的文学创意就是通过一个个场景再现，生动诠释德州大运河的悠久历史和繁荣文化，为大运河文化精神的传承发展提供载体和支撑。

（二）活动形式

活动形式上以运河河道为主要活动空间，以"运河驿站"为主要活动节点，以演职队伍为整体氛围营造媒介，编排设计系列文化场景。活动以运河河堤为主要轴线，向河堤两侧适当延展，形成高低错落、远近各异的独特景观。活动节点以"运河驿站"为核心，搭建必要的场景、舞台。不同节点赋予其不同的活动内容和形式，并健全宣传、接待、展示、销售、服务等功能。整体空间、节点、线路形成点面结合、动静结合、多线贯穿、张弛有度、自然流畅的文化活动总格局。

（三）活动节点设计

活动节点设计上，整条旅游线路选取八个驿站作为支撑节点。每个节点按照德州运河文化元素和建设景观，以及整体需求进行统筹安排。具体分别为：古城盛世、漕仓故事、运河人家、九达天衢、德风水韵、百代河魂、盛世芳华、扬帆远航。每个驿站节点分别配备展示、营销、服务等设施，具有迎宾接待、宣传推介、展示展销的功能，将根据整体部署进行设置，分别对应举办不同的文化活动。配备设施包括宣传导游牌、商品展销台、游客接待处等。宣传导游牌主要介绍景区文化内涵、建设景观和文化活动，以及相应的宣传营销内容；商品展销台主要展示销售文创产品、旅游纪念品等商品，以及纪念卡片、纪念邮封等；游客接待处主要服务游客咨询、签章留念等事项，同时辟设空间为网红打卡直播提供服务。

三 旅游发展大会活动规划

（一）筹备工作

围绕大运河旅游发展大会需要植入的文化元素，做好前期的筹备工作。一是围绕丰富文化活动内容，面向社会征集有关大运河文创产品与旅游商品设计，邀请运河相关非遗民俗艺人，并在活动现场进行产品销售和技艺展示。二是开发生产旅发大会纪念卡片、纪念邮封，在大运河旅游发展大会活动现场发行。纪念卡片、纪念邮封可以"九达天衢"为主题进行设计，留出相应空间，用于文化活动各个驿站签章留念，增加文化活动的仪式感。三是围绕强化文化活动服务功能，开发德州大运河景区旅游小程序，游客通过小程序即可实现语音导航和购买商品纪念品。四是招募活动现场文化志愿者，服务于文化活动的开展、嘉宾游客的导游、各种旅游商品纪念品的销售等。每个驿站节点的导游牌上置若干二维码，扫描导游二维码可以下载导游语音系统，同时扫描参与活动二维码可以购买纪念卡片、纪念封，持纪念卡、纪念封到每个驿站签满8个印章即可完成收藏。每个驿站节点的商品纪念品实行统一电子收银结算，所有可销售产品、纪念品均要扫码销售。五是围绕德州市大运河旅游发展大会，开展有关书画楹联艺术、摄影作品征集、创作、采风等活动。参赛作品评选出一、二、三等奖，在旅游发展大会期间举办展览。届时邀请部分大赛评委和楹联书画艺术家现场举办文化沙龙，就获奖作品进行点评，与广大游客互动交流。

（二）文化民俗巡游活动

围绕大运河旅游发展大会拉动人气的需求，现场组织开展文化民俗巡游活动。设立三支动态巡游队伍，一方面增加景区活动看点，另一方面进行活动导流，指导帮助游客了解活动信息、参与相关活动。同时巡游队伍沿途可以兜售纪念卡片、纪念封等。通过巡游活动将各个驿站站点有机结合起来，给受众以自然流畅、亲切生动的感觉。三支队伍中，一是邮差巡游队伍。邮差队伍统一服装、代步车，由8—10人组成。服装为仿古邮差服饰，车子可以选择邮递员标配的绿色自行车。巡游人员可以为杂技演员，边巡游边随机演出杂技节目。巡游路线为划定的路线，自河堤西岸由南而北，然后自河堤东岸由北而南。邮差队伍主要落脚地点为运河文化广场。二是迎亲巡游队伍。迎亲队伍由新郎、新娘、媒婆，以及轿夫、礼仪，以及非物质文化遗产项目水兽旱船演员组成。迎亲队伍在每个驿站节点进行随机表演，旨在展现运河两岸风俗民情，传承运河优秀传统文化。三是运粮巡游队伍。运粮队伍由粮店老板、账房先生、运粮工人等组成。运粮队伍一般在仓储建筑群驻场演出，每隔一段时间着古装进行巡游。运粮队伍可由杂技演员扮演，巡游期间可以表演一定的杂技节目。

四 旅游发展大会场景设计

大运河旅游发展大会探索尝试以场景式会议形式举办。选取大运河核心区段创设八个场景，分别赋予大运河德州段的文化主题，萃取与德州关系密切的大运河文化元素，还原历史上德州漕运的繁盛景象，让游客以沉浸式体验方式感受德州深厚的文化底蕴，拉动德州大运河人脉，培养对德州大运河文化的认同，促进大运河文化旅游消费。

（一）古城盛世
(1) 活动位置：运河文化广场；
(2) 活动主题：威风锣鼓迎嘉宾；
(3) 活动内容：运河文化广场是德州大运河的客厅，具有游客接待、文化展示、集会活动的功能。在此组织30名鼓手、刀旗手、舞狮队，编排演奏盛世锣鼓、迎宾欢歌和舞狮节目。锣鼓指挥以文雅长者示人，辅以年轻靓丽青年男女参与互动。整体形象作为德州运河古城形象代言人，寓意运河代有传承人。整体活动以欢乐祥和热烈的气氛，欢迎参加旅发大会的各位领导、嘉宾及游客。

（二）漕仓故事
(1) 活动位置：漕仓旧址北厂；
(2) 活动主题：漕仓码头市井声；
(3) 活动内容：漕仓旧址北厂是过去皇家粮仓的所在地，在运河沿线有着天下粮仓的美誉。依托北厂旧址，搭建漕仓标志性场景。组织30—50名剪纸、木刻、黑陶、糖人、榨油等非遗、民俗文化艺人，在漕仓旧址北厂区段进行技艺展示，形成运河文化大集的浓郁氛围，再现德州运河码头繁华盛景。民俗文化艺人身着麻布古代中式服饰，工作桌台以古朴实木为主，悬挂古风道旗，营造古朴、典雅氛围，给人以穿越运河古波的体验。

（三）九达天衢
(1) 活动位置：德城区桥口村；
(2) 活动主题：九达天衢酒旗风；
(3) 活动内容：德城区桥口村是古代水陆交通的要冲，原德州"九达天衢"牌坊的旧址。在此主要设置场景还原过去繁盛的水陆交通景象，现场向领导、嘉宾、游客充分展示中国大运河历史文化及德州漕运和水路交通的渊源、发展，让受众通过沉淀千年的运河文化，真切感受到德州优越的区位交通优势，以及漕运为德州带来的商业繁荣。

（四）运河人家

（1）活动位置：德城区小锅市村；

（2）活动主题：运河飘来德州城；

（3）活动内容：集中展示德州民俗文化为主体的地域文化。包括德州城市街道、人文历史、村庄来历、世家大族等。集中展示和销售德州非遗文创产品，包括"德州红绿彩""德州扒鸡""德州黑陶"等。

（五）德风水韵

（1）活动位置：德州运河古街北侧区段；

（2）活动主题：德风水韵世纪情；

（3）活动内容：在运河沿线搭建亲水栈道、古渡、渡船场景，组织开展以运河文化为主题的书画楹联创作写生活动。书画楹联艺术家身着汉服，在此吟诗作对、挥毫泼墨、抒发豪情。颂扬德州绚烂文化的悠久历史，以及文化旅游产业发展所取得成果。

（六）百代河魂

（1）活动位置：运河东岸仓储建筑群北侧区段；

（2）活动主题：百代河工筑河魂；

（3）活动内容：搭建运河码头、漕船、栈道等场景，组织演职员扮演纤夫、河工等，表演非物质文化遗产"船工号子"等。舞台实行开放式管理，邀请嘉宾游客上台互动表演。

（七）盛世芳华

（1）活动位置：运河西岸与桥口街相对区段；

（2）活动主题：不忘初心开盛世；

（3）活动内容：搭建德州文化地标场景，举行德州地域文艺演出，展现德州经济社会、文化旅游发展最新成果，彰显德州广阔的发展前景。演出内容为《德州颂》《花船舞》《闹市欢歌》等地方文艺剧目。期间穿插三支巡游队伍即兴表演，营造热烈喜庆气氛，形成整个景区的娱乐高潮。

（八）扬帆远航

（1）活动位置：运河东岸老电厂区段；

（2）活动主题：扬帆远航中国梦；

（3）活动内容：依托老电厂标志性建筑，搭建巨型帆船造型，户外进行大型实景演艺，户内举行德州市运河文化旅游发展大会摄影主题展览。展览主要围绕"德州市文化旅游产业发展成果"和"文化旅游领域广大党员干部职工的良好精神风貌"两大主题展开。

第四节 运河核心区段研学旅游创新发展工程

一 大运河核心区段研学旅游基础条件

德州市作为大运河重要的文化节点城市，有着丰厚的研学旅行禀赋条件。目前拥有大运河仓储建筑群、苏禄王墓博物馆、漕仓遗址、四女寺水利枢纽等历史文化资源，拥有山东新街口文化产业园、大运河古玩城、中国黑陶城博物馆、德州红绿彩博物馆等重要文化产业园区、企业，拥有德州扒鸡、奥德曼葡萄酒庄、伍德农业等重要的农业生产、休闲观光资源。这些优秀的资源都为开展具有大运河特色研学旅行奠定了基础，不仅能够为广大青少年普及德州地域文化知识、提升广大青少年综合文化素质，同时也为大运河文化旅游建设起到非常重要的促进作用。

二 大运河核心区段研学旅游主题策划

德州市大运河研学旅行主题定位包括：以大运河为主体的历史文化主题、以德文化为主体的现代文化主题、以黑陶为主体的现代工艺美术主题，以及以农业科普为主体的观光休闲主题、以四女寺水工科普为主体的现代水利主题等。组织力量对德州市经济、社会及文化旅游领域发展最新成果进行文化创意，编写研学旅行课程教材，整合德州市文化场馆、文化企业、旅游景区、文创产品等资源要素，精心策划适合广大青少年研学旅游的精品课程和研学线路产品。

三 大运河核心区段研学旅游重点项目

（一）大运河历史文化研学旅行项目

项目主要以研学大运河文化为主要目标，参观考察德州运河文化广场、运河码头、仓储建筑群、三弯抵一闸等。深入了解大运河作为世界文化遗产所具有的历史文化特征。深刻领会大运河作为中华民族经济文化命脉，所凝聚的勇敢、创新、包容、信义的大运河精神，旨在启迪广大青少年保护大运河、建设大运河的爱国爱家情怀。

（二）"德文化"研学旅行项目

项目主要安排考察董子读书台、苏禄王墓博物馆、四女寺景区等活动，通过研学让青少年得以深刻理解以董子文化为核心的德文化深刻内涵。具体掌握"德人、德术、德土、德水、德商"为主要内容的德文化，着力提升青少年文化自信，弘扬优秀民族传统文化和特色德城地域化。

(三) 德州黑陶研学旅行项目

德州黑陶是德州古老文明的活化石，在古代，德州因其陶器工业发达而有"有鬲氏之国"之称。当代社会，随着德州黑陶以文化产业形式兴起，德州又被冠为黑陶发轫中兴之地，于2009年获得"中国黑陶城"殊荣，2014年，国家级非物质文化遗产名录将"德州黑陶烧制工艺"收录。德州黑陶研学旅行项目，以参观考察中国黑陶城博物馆、德州黑陶现代艺术展览馆、德州黑陶产业园区为主线，深入了解德州黑陶的历史渊源、发展历程、最新成果。以"我是小小陶艺家"为主题，组织广大青少年参与学习"拉坯、刻陶、烧窑"等活动，与黑陶大师对话，以期达到陶冶心灵、润泽人生的学习效果。

(四) "文化之旅"研学旅行项目

项目立足德州市文化旅游领域最新发展成果，整合文化场馆、文化企业、旅游景区、文创产品等资源要素，精心策划适合广大青少年研学旅游的精品课程和研学线路产品。该产品以品鉴德州文化、提升美学品质为研学主题，以开展电影课堂、对话文化大师、品鉴文创产品为研学内容，以景区观光游览、项目互动体验、集体学习研讨为学习形式，致力于打造青少年研学旅游品牌项目。该项目主要线路和景点有德州市博物馆、文化馆、图书馆、苏禄王墓博物馆、德州大剧院，以及德州市京剧团、歌舞团、杂技团、电影公司红色影厅等。

（五）德州扒鸡研学旅行项目

扒鸡是德州的特产，闻名全国远销海外。德州扒鸡有300多年的历史，源于明代，成于清朝，扬于民国，盛于当今。扒鸡也是德州市主要的支柱产业，国家级非物质文化遗产名录将扒鸡制作技艺收录其中。该项目涉及对德州扒鸡集团、德州乡盛扒鸡、德州永盛斋扒鸡等生产企业的考察，并延展至鸡苗培育、养殖等环节。该项目将通过研学系统了解德州扒鸡的历史文化、制作技艺、发展成果。培养广大青少年的文化自信和审美情趣[1]。

（六）葡萄酒庄研学旅行项目

葡萄酒庄研学游项目，主要参观德州奥德曼葡萄酒庄种植园区、葡萄酒生产现场、葡萄酒窖，以及葡萄酒博物馆，学习了解葡萄及葡萄酒文化知识，学习体验制作葡萄酒的技能。组织专业人员编写德州黄河故道自然条件和农耕文化的基本知识，精心设计从一粒葡萄籽开始，如何成长出葡萄果实、如何采集葡萄制作葡萄酒、如何储存发酵成为葡萄酒精品的研学课程[2]。让学生们学习葡萄种植与葡萄酒文化知识，了解黄河故道地理风貌及人文历史，探索和传承黄河故道农耕文化，重温华夏民族的奋斗史诗，感悟中华文明的荣辱兴衰。引导学生走出校园，走进田园，亲近自然，在沉浸式的实践体验中，验证所学，增广见闻，锻炼体魄，孕育德行，陶冶情操，做到知行合一，"知""行"相长，进益人生。

---

[1] 李志刚、刘金、李兴旺等：《双元创新视角下老字号企业商业模式创新内在机理——基于德州扒鸡的纵向案例研究》，《管理学报》2021年第10期。

[2] 殷世东、汤碧枝：《研学旅行与学生发展核心素养的提升》，《东北师大学报》（哲学社会科学版）2019年第2期。

第九章　大运河德州段文化旅游重点项目策划

大运河德州段文化旅游发展是一个长期的系统性工程，该工程的基础和支撑是文化旅游项目的发展，而文化旅游项目则需要特定条件下的选择和培育。按照发展一批，储备一批，培育一批的原则，对大运河重点的文化旅游项目以及需要提升放大的项目，在主题立意、提升途径、空间规划、前景描绘等方面进行策划，力图在发展的方向、业态、技术等方面产生影响，以期成为德州文化旅游产业未来产能的重要支撑。

第一节　天衢新区董子园风景区建设提升项目

一　形象定位

董子园风景区总体形象定位为："儒风古韵、董子圣境"。文化主题上，以儒家文化为主题，突显董子文化和地域文化特色。建设风貌上，以亭台楼阁、园林水系等为主要风格，彰显园区景区厚重的文化底蕴。在园区景区布局提升内容上，进一步丰富董子读书台、董子书院、董子文化街、董子巷等文化元素符号，强化董子园风景区的识别度，建成与曲阜孔子文化景区相呼应的儒家文化圣地。

二　发展目标

董子园风景区的总体发展目标是：打造成董子文化传播中心、非遗文化发展基地、城市文化休闲高地。以董子读书台、董子书院为载体，进一步丰富董子文化内涵、创新传播手段，深入挖掘董子文化思想内涵，与国内外董子文化研究专家开展交流活动，形成浓郁的董子文化研究氛围。依托董子文化街、七星美食街，集聚德州以及山东、中国北方地区的非遗文化传人，建设非遗大师工作室、工匠作坊，打造非遗文化展示、传承、发展中心。完善风景区公共休闲服务设施，增加休闲茶座、戏曲演唱、棋牌娱乐、摄影写生等开放式场所设施。鼓励运营高档茶楼、酒肆、书画创作、手工作坊、拍卖典当等观赏性强、参与度高的产业形态。从景区总体发展上，以创新创业为动力，以构建产业生态体系为目标，集聚多种文化产业业态、拓展"创客"空间、建设创意集市，实施新型发展模式，发展体验经济，建成集文化传承、文化创意、文化体验、文化消费于一体的国家5A级风景区。

三　发展现状

德州董子园风景区以一代大儒董子——董仲舒命名，因为这是董子董仲舒的故里。《史记》记载："董仲舒，广川人也"，广川在汉代包括德州以及河北衡水一带。青年时期董仲舒曾在德州刻苦读书并下帷讲诵，后来汉武帝采纳董仲舒"罢黜百家，独尊儒术"的谏议，儒家文化此后成为官方意识形态。关于董仲舒对于弘扬儒家文化思想的贡献，东汉王充在《论衡》中有"文王之文在孔子，孔子之文在仲舒"之说。德州自隋朝起就在运河岸边建有董子读书台，明清两朝多次建设、修缮董子祠、董子书院，史称"三董"。董子园风景区位于德州市天衢新区核心位置，景区包括董子文化街、董子读书台、董子书院、柳湖书院、董子巷等仿古建筑群。董子文化街是景区内的商业文化街，园区总占地面积800亩，总建筑面积约26万平方米，建筑群主要有黛瓦白墙的董子文化街、汉风唐韵的董子读书台和董子园步行街。街区设有5000平方米的美术馆综合楼，拥有1000平方米的专业展厅、1200平方米的文创空间、1000平方米的园区综合服务大厅和双创工作服务平台，以及5000平方米的繁露广场、3000平方米的董子文化广场等配套设施。街区集聚名人书画文房四宝、非遗民俗传统手工、红木家具根雕奇石、文化传媒影视制作、创意设计文化培训等业态经营机构430余家，年营业额约15亿元，从业人员2500人，是"中国收藏文化示范基地""全国诚信示范市场""山东省文化产业示范基地""山东省文化消费集聚区（创建单位）""德州市文化产业领军企业"，2016年被山东省人民政府向文化部推荐创建国家文化产业示范园区。董子书院是位于柳湖的湖心岛，占地14亩、建筑面积2600余平方米。董子读书台是纪念董仲舒的文化场所，主要还原了董仲舒青少年时期读书讲学的场景。董子书院采用江南园林式的建筑风格，是董子文化研学交流的主要场所，置有讲堂、茶餐舍、多功能厅、学员宿舍等配套设施。董子书院与具有秦淮风情的民俗文化街隔水相望。民俗文化街是集民俗非遗展示销售、美食餐饮为一体的街区。

四　发展思路

文化是一个城市的灵魂，是人民对美好生活的高层次需求。天衢新区作为董子园风景区的主要载体，也是德州市主城区的重要组成部分，做好董子园风景区的建设提升项目，对于把德州建设成为运河国家文化公园，进一步丰富城市文化内涵具有重要的现实意义。景区将以中华优秀传统文化为核心，以传统文化和创意文化产业为特色，融入绿化、园林、河湖景观，形成产业园区、旅游景区、居住社区融合发展、互利共生的生态机体，实现社会效益、经济效益共同发展。

（一）将景区发展成为弘扬中华优秀传统文化的阵地

组织专家、学者以及董子文化爱好者，广泛开展董子文化学术研讨和交流，深入挖掘董仲舒的思想文化内涵，编辑出版董子文化研究成果。建设董子文化传播平台，利用线上线下多种形式开展董子文化征文、比赛等活动，扩大董子文化传播渠道和影响力。组织开展董子文化普及工作，编辑制作有关董子文化普及读本、动漫作品等，在广大机关、学校、企事业单位宣讲董子文化思想，让董子文化深入人心，成为"德文化"的重要支撑。充分发挥德州市作家协会、美术家协会、书法家协会、摄影家协会、曲艺家协会、电影家协会等文化机构、协会的资源力量，依托董子书院、董子读书台等设施，联合中华孔子学会董仲舒研究会、山东大学儒家文明协同创新中心、山东大学儒学高等研究院、德州市委宣传部、德州学院等学术机构，每年举办"德文化论坛暨董仲舒学术研讨会"，定期举办儒学讲堂、国学讲座、地域文化讲座,配合实施"传统文化振兴工程"。持续举办春节庙会、元宵节花灯会、端午节茶会、中秋节赏月雅集等文化活动。每年举办"汉服吟诵""书画鉴赏讲座""中国式茶道传习"等文化艺术交流活动。景区以开放、融合、创新、务实的董子文化为特色,将董子"仁、义、礼、智、信"的思想精髓融入运营,使之充满发展的正能量,成为弘扬中华优秀传统文化的阵地。

(二)将景区打造成为文化产业创新发展的平台

实施文化和旅游部、教育部中国非物质文化遗产传承人群研修研习培训计划,集聚吸纳鲁绣、女红、刻瓷、德州黑陶、金丝彩贴、木刻刀笔书画等非遗项目,鼓励园内姚向东、刘欣、唐万武等年轻工艺美术大师、陶瓷艺术大师、齐鲁文化之星、德州文化英才等开门授徒,传承优秀传统非遗技艺。大力发展德州黑陶、剪纸、刀工木刻、斑斓彩瓷、女红工坊等文创产品,广泛开展手造产品技艺普及活动,让市民和游客零距离感受传统艺术魅力。进一步释放影视、书法、美术、古筝、舞蹈等行业协会、培训机构能量,打造以剧本创作、演员海选、表演培训、演员经纪、摄制制作、发行推广为核心的影视产业链条,以及文房销售、书画创作、装裱修复、展览拍卖等书画艺术产业链条等等。以打造省级夜间文旅消费集聚区为统领,开展非遗文化产品展示、展览和展销活动,拉动文化产品消费,促进文化产品生产。

(三)实施园区规模拓展工程创建国家级文化产业园区

根据德州市"十四五"建设规划,按照"一心、两轴、三园区"的规划布局,以董子读书台为核心,以纵向、横向水系景观为两轴，进一步拓展园区规模。拓展园区规模主要向东拓展建设繁露文化创意产业园、鬲津文化名人园。繁露文化创意产业园主要定位建设文化创意空间、集聚文化创客、发展文化创意产业。鬲津文化名人园主要定位是建设中国当代文化艺术名人殿堂，开展国际性文化艺术交流活动，发展现代文化艺术产业。在服务设施上健全完善园内水上旅游观光线路设施，贯通园内到减河湿地的水上观光线路，进一步拓宽董子园风景区旅游观光休闲憩息领域，打造高品质文化休闲中心。同时围绕拉动园区产业发展，组织实施"研学游""国学游""互动体验游""休闲度假游"等旅游产品。每年组织京津冀鲁及全国各地书画家、美术院校师生开展各类书画展、摄影展、收藏展等，以及书画艺术品拍卖会等活动。在规划建设目标上，全部建成后将吸引文化产业和文化艺术机构约1000家，实现4000人创业就业，实现年营业总额20亿元，利税约2.5亿元。

五　提升规划

（一）近期规划

完善旅游园区文化内涵、旅游功能体系和建筑风貌提升。从园区内涵提升上，根据园区董子文化主题梳理文化内涵支撑体系，以文化内涵概括各个园区区域的文化主题。依据该文化主题规划建设具有文化节点地标性质的标志物，以标志物为载体进行主题诠释。整个园区可以规划为30到50个主要节点，每个节点都进行区域概念主题的诠释解读，形成有逻辑、有层次、有深度的文化内涵体系。从园区旅游功能上，完善步行健身观光通道，将董子文化街区域进行规划，增设识别度较高、有一定美化功能的通道，对园区建筑及功能空间进行一定串联，对园区人流进行一定的疏导。该通道规划可以结合上述文化节点标识进行统筹，形成步行观光文化长廊。开发文化长廊音乐背景和语音导游系统，给游客一种浓郁的文化氛围和愉悦的观光体验。从园区的交通改善上，将园区四周进行汽车通道专门规划，将汽车通道从园区内转移到园区的四周，把园区的主要通道作为专门的步行通道进行规划提升。提升方式上采取增加绿植、休憩连廊、服务设施的形式，营造游客漫游的氛围。从园区建筑风貌上，可以从整体建设格局出发按照美学的逻辑，进行园区整体性视觉提升，即把园区当作一个大的整体院落从四周围合、出入设置上进行规划，凸显园区入口、出口的威仪感、通道的通透感、院落的整体感。在园区的主要入口处进行加高处理，设置多级步行阶梯，给游客一种进入园区的带入感。在园区视觉效果上，适当增加小景观、小标识物等，形成连贯的边界感。

(二) 中期规划

完善"三董"建筑群，扩大董子文化园规模、补齐文化体验游短板、完善园区配套功能，进一步推动董子文化园繁荣发展，在推动产城融合、提升城市品质、满足人民群众文化生活需要等方面具有重要意义。具体设想是，在不改变用地性质，不减少绿化面积的前提下，将现董子文化园东南的绿地规划为文化园的一部分，按照文化园的整体布局要求与功能需要，统一规划、设计和建设，形成更为完整的大型文化园区，丰富文化园区的功能，尤其是加强其文化旅游功能。在美化、绿化的基础上增加与董子文化密切相关的建筑设施，秉承"闹中取静、水系为脉、承载文化"理念，在董子文化园东南角（现苗圃地块）补充建设董子祠，完善"三董"建筑群，建设"园区客厅"。规划建设董子祠（董子纪念馆）、国学研究院（繁露书院）以及市民文化休闲广场、游客集散中心。依据历史建设"牌坊群""德州窑""青龙桥""竹竿巷""寒绿胡同""乾隆饮马井"等历史文化建筑，挖掘中国历史上首位状元孙伏伽的文化内涵，与董子"三年不窥园"的治学精神相结合，建设重要景点"德州状元府"和"不窥园"建筑面积2万平方米，打造德州民俗文化街。在东方红路开辟董子文化园南大门（德州日报社斜对面）以及相应的停车区，建设与现有文化园道路相连接的通道，在文化园内形成循环通行的园内交通，完善从该大门入口经园内各景点到董子读书台，最后以董子文化街为出口的游园线路。美化、绿化区域以栽种花木为主，点缀适当绿地和景观小品，重点规划建设"春秋""繁露"两个园内景点，形成三季有花、四季有特色景致的观光效果。特别是在春季能够形成大面积的花海，满足人们需求。

（三）远期规划

以董子文化园为建成区，沿陈段沟向东发展，新增建设繁露文化创意产业园、鬲津文化名人园，形成占地2平方公里，以董子文化和德州地域文化为特色，以书画艺术、非遗手工、影视传媒等文化产业为主导业态的国家5A级旅游景区和文化、旅游、产业、居住"四区叠加"的文化特色小镇。繁露文化创意产业园规划位于小镇中部陈段沟北侧，通过老工业厂房改造和部分新建而成，占地面积约 300 亩、建设面积 20 万平方米。项目定位为创意集市、商务总部、剧院展厅、影视拍摄基地、高校文创空间等。重点吸引文创设计、版权服务、演出演艺、影视传媒、数字化出版等产业机构 300 家，为小镇艺术品产业提供版权、策划宣传、包装设计、出版印刷等配套服务，打造文化创意产业体验区和创业总部基地。高津文化名人园位于繁露文化创意产业园以东的小镇东首，占地面积 100 亩，规划建设面积 10 万平方米。项目建筑形态包括：艺术家美术馆、学员公寓聚落，展拍厅、创作室、美术馆等产业配套，商街、银行、主题酒店等社区配套以及水景、园林、古建等旅游景观。项目建成后将为 30 个省级以上美协、书协主席和书画名家建设名家艺术馆；每年组织中国美院、天津美院、山东工艺美院等国内知名艺术院校的师生 1000 人到此进行培训、写生、创作，并开展全国性美术、艺术类大赛、展览等文化活动。小镇远期的发展目标是，弘扬儒家文化主题，突出董子文化和地域文化特色，以创新创业为动力，以构建产业生态体系为目标，集聚多种文化产业业态、拓展"创客"空间、建设创意集市，实施新型发展模式，发展体验经济，建成集文化传承、文化创意、文化体验、文化消费丁一体的国家级文化产业示范园区。

第二节　德州运河主题文化旅游景区

一　形象定位

德州运河主题文化旅游景区形象定位为："鲁北古商

埠、运河风情街"。建设风貌上，依托运河沿岸古建筑、老村庄以及四女寺景区，建设具有复古怀旧风格的景区、街区，传承发展运河漕运繁盛时期的商业文化基因，融入现代科技时尚元素，形成具有德州地方文化色彩的主题文化旅游景区。

二　发展目标

德州运河主题文化旅游景区的总体发展目标是：打造成非遗文化展示基地、运河文化旅游综合体、运河古商埠文化展示区。主要依托区内具有明显运河文化特征的演艺、美食、手工艺等，集聚运河沿线城市文化元素，开展以文化体验为主题的休闲旅游活动。充分释放四女寺古镇文化魅力，建设德州运河文化街区、发展运河文化旅游项目、开发运河文创旅游产品，打造运河沿线城市具有差异化的主题景区。

三　发展现状

运河主题文化旅游景区包括德州市主城区和武城县四女寺景区几个部分。在德州市主城区，运河旅游景区主要有九龙湾公园、龙运湖景区等。九龙湾公园是在德州市第一水厂原址基础上建造的。九龙湾公园在保护和利用原始生态环境的基础上，为保护生态文化以及运河文化，突出原生态景观、水文化特征和明清北派建筑风韵三个特点，九龙湾公园通过规划建设明清风格的建筑，实现高标准园林绿化，促使人文历史和生态环境有机统一，为人民群众提供一个多功能的休闲活动场所。龙运湖景区内树木繁茂，大树和古树超过千棵，原始生态景观众多。龙运湖景区包括运河文化广场、运河古街、田雯纪念馆，以及数帆亭、望月楼、永和塔、风雨长廊、永安桥等景观。龙运湖水面面积多达150亩，蓄水量约100万立方米。

龙运湖景区核心部分是运河文化广场，包括九龙喷水、九达天衢牌坊、鬲台等。运河古街依运河而建，毗邻运河文化广场，是精心打造的运河美食文化街。古街按照明清时期的建筑风格及样式进行建设，是德州市当前第一座以明清风格为主题的仿古商业街群落，共有210间商铺及四合院，主要业态有古玩、艺术品、文化传媒、餐饮美食、酒吧、茶社、休闲娱乐及文化展馆等。田雯纪念馆是典型四合院仿古建筑，主要为纪念德州历史上赫赫有名的清代户部侍郎田雯先生而修建的。该纪念馆占地约500平方米，借鉴清初期小四合院布局风格，布置了生平展厅、寒绿堂和文献展厅三个展厅，各展厅门口均悬挂木刻楹联，楹联采用藏字的形式，将"寒、绿""田、雯"藏于其中，高度概括田雯先生的文学功绩、仕途政绩和高远的精神追求[1]。展厅内部采用实物展示、文字介绍、绘画诠释、场景复原等多种方式，全面展现田雯先生严谨治学、勤于诗文、清正为官、政绩颇丰的光辉一生[2]。运河旅游景区以反映明清德州鼎盛时期的运河文化为主体，精彩全面地展现了德州运河民俗民居文化，再现运河码头繁荣景象。

四 发展思路

运河主题文化旅游景区是一个松散、开放、多形态的文化旅游景区，在发展的思路上要按照统一的文化主题、多样的表达方式、差异化的产业形态，共同营造具有运河

---

[1] 黄金元：《王士禛与田雯交游考论》，《山东大学学报》（哲学社会科学版）2009年第2期。

[2] 黄金元：《清初山左诗人田雯及其诗歌创作》，《东岳论丛》2004年第5期。

文化风情的文化旅游产业综合体。

传承运河商业基因，打造鲁北运河商埠。运河作为中国古代交通运输的重要通道，是中国千百年商业贸易和经济发展的重要命脉。德州作为运河漕运重要的码头和节点城市，以德州运河为中心拉动了方圆数百里的经济发展链条，缔造了运河时代的商业繁荣，也传承了运河商业的文明基因。打造现代鲁北运河商埠，就是复活运河商业基因，用运河商业文明融汇到现代文化旅游产业，发展具有传承性、示范带动性的产业形态。在主城区以运河古街为中心，向南北纵向和东西横向延伸，发展辐射京津冀鲁的运河古街文化产业园区。建立园区与运河沿线城市、"京津冀"城市群在信息交流、工作对接、文化科技资源的协作，以及成果开放共享的目标、任务和对接机制，重点在微电影产业、新媒体产业、动漫游戏产业和文化演艺产业等领域，探索集科技体系、管理体制、政策法规和公共服务体系等多维度协同创新的新模式和新机制。发挥德州区位和生态优势，努力融入京津冀和山东省文化旅游消费、文化商贸会展等体系。走出一条符合实际、卓有实效的区域文化产业协同创新之路，将运河古街文化产业园打造成为区域文化产业协同发展示范园区。

在武城县四女寺景区，以四女寺古镇为主要载体，发展以中国大运河民俗文化为主题的文化园区。文化园区定位发展民俗文化演艺产业，立足德州、面向全国，着重集聚北京的评剧、皮影戏，天津的快板、金狮大娇、济宁的端公腔，以及青岛的胶东大鼓、淄博的鹧鸪戏、莱芜的木偶戏等，融汇德州的杂技、西河大鼓、柳子戏等，发展民俗文化演艺和研学旅行，打造中国大运河民俗文化传播发展基地。同时发展以传统美食和非遗文化产品为主体的文化街区，健全完善线上线下展示、体验、开发、销售平台，发展中国北方民俗文化基地。

（一）立足运河生态环境，建设运河风景岸线

在运河四女寺水利枢纽向北一直到进入河北境内，有着45公里长的河段。该河段由于保持着生态环境的原真性，成为大运河山东段申报世界文化遗产的重要组成部分，对于发展休闲游憩的亲水岸线有着非常大的资源优势。特别是在主城区以南到四女寺水利枢纽部分和主城区以北到流出山东的部分，河道两岸非常开阔，水草丰茂、空气清新、环境优美，适宜发展文化旅居、研学旅行、健康养生等业态。就全长45公里来说，可以建设亲水风景岸线用于游客步行观光、游憩，采用本色木质栈道，间以观光摄影、休闲游憩设施。亲水岸线与河畔村庄以影路相连，广置绿色灌木乔木。河畔农田规划设置花海果园、农耕聚落，村庄进行规划提升建设旅游民宿、发展民俗美食。村庄环境进行涂鸦美化，设置步行街区、休闲茶座。村庄闲置房舍发展手工作坊，进行陶艺、女红、剪纸、木工雕刻及酿酒等技艺展示。

亲水岸线策划举行摄影比赛、写生、健步运动、马拉松比赛等主题活动，以及民俗节庆活动。结合大运河文化活动节点，举办大运河旅游发展大会，大运河旅游发展大会以场景式形式，以广大一线劳动者为活动主体，以多种多样的形式充分阐释大运河对于德州人民的血脉关系，展示广大农村群众在社会主义新时代取得的最新成

果，充分展现运河沿岸人民群众深厚的文化情怀和良好的精神风貌。

（二）创作运河文化主题演艺作品，彰显大运河文化旅游特色

运河文化主题演艺作品可以有多种不同表现形式，一种是大型户外演艺作品形式，一种是夜间户外演艺形式，另外就是户内演艺形式。无论哪种形式都是以运河文化为题材，讴歌大运河千百年来对于德州的无私奉献和深情赋予，歌颂在社会主义新时代德州大运河文化旅游发展的最新成果，畅想大运河国家文化公园建设的宏伟蓝图。大型户外演艺作品可以选取乾隆下江南的题材，再现乾隆由运河来到德州体察德州民情、觐见德州官员、盛赞德州扒鸡的史实。还可以选取菲律宾苏禄群岛东王率队来到中国朝见明朝皇帝的题材，还原历史上中菲友好往来的历史场景，彰显中华民族的厚德包容。户内演艺以《运河流芳》等题材为主，创作有关运河文化题材的系列杂技情景剧，以德州国家级非遗杂技的形式彰显德州运河的繁荣，以及德州人民生生不息、奋斗不止的创新精神。户外夜景演出可以掬取运河纤夫、漕运码头、董子下帷讲学等主题素材，利用现代声光电科技手段，弘扬运河传统优秀文化。同时策划举行以运河为主题的民俗演艺展演会演活动民俗节庆活动，节庆活动以农业丰收、农民致富、农村幸福为主题，由广大运河沿岸农民群众进行创作演艺，为发展运河文化旅游奠定良好的群众基础。

第三节 武城四女寺风景区整体提升项目

一 形象定位

武城四女寺风景区形象定位为："三河汇流、运河画廊"。依托四女寺运河丰富水系资源发展生态旅游项目，以及四女寺水利枢纽大闸发展研学旅行项目，总体建成运河底蕴、风景优美、人在画中、生态宜人的风景区。

二 发展目标

武城四女寺风景区的总体发展目标是：打造成运河枢纽工程观光科普示范基地、运河生态游憩休闲地、4A级旅游景区、文化旅游古镇。依托四女寺水利风景区资源条件，梳理水利大闸、滚水坝、三湾抵一闸等运河水利科普知识，建设以运河水工文化为主题的科普示范基地，传承运河优秀传统文化。围绕研学旅行健全完善服务设施，融入现代文化旅游元素，开展景区整体提升行动，打造国家4A级旅游景区。

三 发展现状

四女寺风景区是一个综合性的国家3A级的文化旅游景区。其位置在武城县的四女寺镇，大运河畔边，总占地1177亩。景区分为礼孝文化区与佛教文化区两部分。主要景点有孝文化广场、孝门、明德湖、四女祠、十二生肖园、佛光寺、菩提院、槐荫清风湿地公园等。四女寺镇文化底蕴非常深厚，相传四女寺曾经是大禹治水的寓所，乾隆帝下江南时曾多次游览四女寺。四女寺自西汉时期建镇，历史悠久、人才辈出。唐贞元年间宋廷芬之长女《女论语》作者若莘、元朝始八代为官的郭氏家族、曾任明都御史的郭麟、郭鏜父子、原铁道部副部长《平原枪声》《铁道游击队》等电影人物的原型革命家郭鲁原等都是四女寺的骄傲。

受大运河漕运的影响，明清时期常年商贾云集，人声鼎沸。四女寺自古是一个文化重镇，一年举办两次四女寺庙会，届时场面非常火爆，船舶辐辏、车水马龙、络绎不绝，展现出一幅"千乘旌旗分羽卫，九河春色护楼船"的繁盛景象。古"武城八景"中的"槐荫清风"胜境就是此处。四女寺景区地势开阔，运河岸畔风光秀丽，基本保持了原生态性。

四女寺风景区是武城县文化旅游产业发展的龙头，是运河文化、礼孝文化、佛教文化的集中展示区，对于传承优秀传统文化、开展研学旅行活动、发展精品旅游项目具有十分重要的意义。武城县目前立足四女寺景区，积极融入大运河文化旅游项目开发和德州文化旅游整体布局，全力打造"文化大县、旅游强县、生态名县"。景区的建设将推动武城县文化旅游业发展，对优化产业结构、促进劳动就业、推动武城县经济社会发展具有重要意义。四女寺地域文化影响广泛，其宣扬"孝事父母、男女一样"的思想，对精神文明建设意义重大，对构建和谐社会起到积极的推动作用。

四　发展思路

(一) 重点挖掘景区文化内涵，实施文化内涵的全面融入

文化内涵上要以运河文化、孝德文化、状元文化、非

遗文化为主体，对景区主题形象进行重塑。运河文化要凸显四女寺运河重镇的人文历史，萃取四女寺人文历史中的核心内涵，塑造四女寺厚重、包容、繁荣的文化形象。孝德文化要赋予其具有时代家庭美德的意义，倡导社会主义核心价值观。状元文化融入现代励志教育元素，打造广大青少年素质教育基地。非遗文化要立足更好地弘扬非物质文化遗产，塑造四女寺景区特色文化旅游品牌。充分利用武城船工号子、抬花杠、架鼓等民间艺术的资源，创新创作具有时代新风尚的文化演艺项目，在重要节庆节点、重要游客时段进行展演。积极发展手造项目，将传统制造项目融入神龙地毯、古贝春酿造、武城剪纸等手造技艺，发展景区内旅游体验新兴业态。

（二）建设完善景区景观，实施景区形象全面提升

突出四女寺的历史人文景观，加强景区文化资源的保护，改造运河岸线，增强观赏性和古朴性；整治运河水道，沿水利枢纽两岸建造若干能停泊游船的码头或停靠点；以游船（以龙船为主）为载体，开辟古运河水上特色旅游线路，有机串联沿岸旅游景点。打造运河古镇休闲线路产品。通过疏通镇内外水系，打造孝女祠、佛光寺、明德湖、四女寺水利枢纽等景点，开发运河民俗文化街，建设运河人家，重现当年运河水乡的风貌景观，成为武城文化建设的重要标志区。

（三）对标国家4A级景区，打造运河文化旅游区域中心

立足四女寺景区历史人文和自然景观，加强景区文化资源的保护，强化文化旅游功能建设。规划以漳卫新河为轴线，以四女寺景区为载体，与德城区运河保护利用相协

调，建设运河水利枢纽工程观光科普示范基地、运河生态游憩休闲地、四女寺文化旅游古镇。运河水利枢纽工程观光科普示范基地以四女寺大闸为依托，建设运河水工文化科普馆，完善运河水工文化标识体系以及科普游览研学配套设施，开展运河水工文化推广普及活动。充分利用多条河流在四女寺汇集形成的良好生态，规划布局人和自然和谐相处的步行亲水廊道、林荫休憩连廊、鱼鸟观赏站台等景观设施，形成"三河汇流、运河画廊"的生态休闲中心。依托四女寺建设基础，融入历史文化元素和现代文化元素提升建筑风貌。拓展建设规模格局，发展新兴文化旅游产业项目。总体形成串联四女寺古镇、水利风景区、水工文化科普基地，以及明德湖、四女祠、佛光寺等景区景点，形成具有观光游憩、研学科普、美德教育为一体的国家4A级旅游景区。

第四节　夏津黄河故道生态文化旅游综合体

一　形象定位

黄河故道生态文化旅游综合体总体形象定位为："黄河故道、桑梓家园"。综合体依托黄河故道森林公园，规划建设国家农业公园、中国桑产品产业园区、温泉康养度假区等文化旅游项目，开展以农事节庆活动、研学旅行观光为主体的主题活动，打造成具有黄河风情、农桑底蕴的温情家园。

二　发展目标

黄河故道生态文化旅游综合体的总体目标是：打造国

家 5A 级旅游景区、中国桑椹国家农业公园、省级旅游度假区。以黄河故道森林公园为载体，规划整合现有桑树群、湿地、温泉、旅游小镇、村庄、农田等资源条件，健全旅游公共服务设施，建设集康养、研学、观光、体验为一体的文化旅游综合体。

三　发展现状

夏津黄河故道同样属于德州运河流域，是运河文化的重要组成部分。黄河故道也被称为老黄河遗迹。自公元前600年起，黄河在淇河、卫河合流处决口，自南向北畅流几百年。春秋时期人们称黄河为老黄河或者大河，在当时与琅琊山、泰山、渤海等景观齐名。当前，12.8 万亩的黄河故道森林公园主要位于黄河故道中段，大多沿黄河故道建设而成，东西宽 7 公里、南北长 18 公里。黄河故道森林公园的林木资源丰富，森林覆盖率达 62.8%；树木种类丰富，有 55 科 117 属 210 种。梨、杏、桃、枣、椹、苹果、柿子、山楂等经济林木遍布全园，被冠有"小杂果之乡"的称号；黄河故道森林公园的古树名木也非常丰富，如古柿树、古杏树、古山楂树、古梨树等，被大众称为"北方落叶果树博物馆"，也是德州市名副其实的"古树王国"；园中的古桑树群规模目前居全国首位，百年以上的古桑树 2 万余株，古桑树分布范围涉及 12 个村庄。历史上桑树群最鼎盛时期面积达到 8 万多亩，因此这儿被称为"中国椹果之乡"。此外，黄河故道森林公园的野生动物资源也极其丰富，雉鸡、斑鸠、啄木鸟、灰喜鹊等随处可见，特别是夏津特产的白玉鸟更是其中的极品[①]。

---

① 张立新：《德州野生鸟谱》，中国林业出版社 2014 年版。

2006年开始黄河故道森林公园开发建设，规划布局为"一带两区十园"。其中建成的园区有杏邬园、颐寿园、香雪园、大云寺佛教文化园、槐林生物园等。建成的主要文化旅游项目有东方紫文化产业园、德百温泉度假村、德百旅游小镇、圣树源中医药健康旅游基地等。黄河故道森林公园获誉颇丰，被列入国家"黄河文明"旅游线路。于2014年被农业部、国家旅游局评为全国休闲农业与乡村旅游示范点；2015年被评为国家级森林公园，成为德州市的首个国家级森林公园；2016年又被评为全国休闲农业与乡村旅游示范点。依托这些优势资源禀赋，2014年夏津黄河故道古桑树群被评为山东省首个中国重要农业文化遗产，并在2018年被联合国正式列入全球重要农业文化遗产名录。

夏津德百温泉度假村是黄河故道森林公园内的主体项目之一，是国家级4A级旅游景区。项目总占地达到675亩，是综合性温泉度假胜地。项目包括五星级温泉度假酒店、景观园林、大观园生态餐厅、室内温泉、游泳馆、大型室外温泉、养生馆、三百生态游乐园、颐养中心等。夏津德百旅游小镇是公园内的另一主体项目，项目投资32亿元，总面积达到1200亩。该项目总体建筑风貌为仿古建筑群，主要业态有文化演艺、藏品展览、休闲美食、民宿民俗等。项目将齐鲁民俗休闲体验、德州的传统民俗、夏津文化资源有效整合，建设了主题文化园、亲子园、齐鲁印象体验地、拓展实战基地、文体康乐园、自行车越野基地、康养基地等七大板块。

四　发展思路

(一) 实施中国桑椹国家农业公园建设工程

规划在黄河故道森林公园范围内，实施黄河故道古桑树群生态保护与开发工程,实现生态保护和高质量发展,形成"世界桑业在中国、中国桑业在夏津"的文旅发展品牌[①]。聚焦"全球重要农业文化遗产"这一金字招牌,对区内古桑树群落实施政策性保护,大规模扩大桑树种植面积,营造良好的生态环境,建设以农桑文化为主题的农业公园。在农业公园内容建设上,依托古桑产业研究院建立古桑种植资源库,依托桑树博物馆、桑黄博物馆,发展以"桑业+旅游"为核心,集农业观光、采摘体验、研发生产、展示销售为一体的农业旅游示范基地。研究开发以桑皇、椹产品为核心的系列产品,不断拉长产品产业链条,形成以桑树群落为载体、农业产业化为支撑、文化旅游为目标的文化旅游综合体。

(二)实施5A级旅游风景区创建工程

按照国家5A旅游风景区的建设标准和要求,在功能建设、平台打造、质量提升等方面开展工作。功能建设主要围绕景区交通、服务设施、导游导览、智慧旅游等方面进行建设完善和提升。在大交通基本完备的基础上,延伸完善区域微交通,建设高质量的游客服务中心,增加语音系统导游服务。平台打造主要是建设完善区内椹仙村旅游小镇、德百温泉度假村两个重点旅游载体项目。椹仙村旅游小镇在完善旅游功能的基础上,丰富椹仙传奇灯光秀内容,创作演出京剧品牌剧目《追梦》,开发大型户外实景演出项目。德百温泉度假村以创建省级文明旅游示范单位为统领,充分彰显温泉服务特色,全面提高旅游服务质量,打造4A

[①] 陈列、王斌、刘某承:《山东夏津黄河故道古桑树群的演变及其现实意义》,《南京林业大学学报》(人文社会科学版)2016年第2期。

级旅游景区。从总体来看,就是整合德百旅游小镇、德百温泉度假村及前屯、后屯等乡村、非遗、农业、温泉资源,建成全球重要农业文化遗产展示、齐鲁民俗文化展示、亲子游乐、研学教育、生态康养、休闲度假等功能于一体的综合性乡村文化旅游区和京津冀周边最具特色的乡村休闲度假旅游目的地。

(三) 实施文化旅游系列推广营销工程

立足景区生态优势资源,开展系列以营销为目的的节庆活动。节庆活动以农事节点为脉络,春天举办以梨花观赏为主题的节庆活动,春夏之交举办以桑葚采摘为主题的采摘节,秋季举办以金梨采摘、抓地瓜、刨花生、拔萝卜等为主题的农事比赛活动,冬季举办以"滑雪节""温泉节"为主题的消费节庆活动。依托区内文化内容开展研学旅行活动,将古桑文化、桑黄文化、温泉文化、民俗文化等汇集整理成为研学手册,面向广大青少年开展以普及地域文化、农耕文化、黄河运河文化为主体的爱国主义教育。营销活动要开放思维观念,把黄河故道森林公园景区与京津冀鲁城市群、沿运河城市群、一带一路城市群相关联,创意策划精品旅游线路产品,加大以消费为导向的营销活动力度,加快夏津黄河故道生态文化旅游综合体建设。

第五节 乐陵千年枣林红色文化旅游区

一 形象定位

乐陵千年枣林红色文化旅游区的形象定位为:"红色乐

陵、千年枣情"。深入挖掘以乐陵为核心的冀鲁边区革命根据地红色文化内涵，梳理乐陵在文化旅游领域取得的最新成果，通过讲好红色革命故事、红枣文化故事，树立乐陵红色文化形象，打造乐陵红枣文化品牌，推动乐陵千年枣林风景区快速健康发展。

二 发展目标

乐陵千年枣林红色文化旅游区的总体发展目标是：打造成全球重要农业文化遗产、国家级党性教育基地、黄河故道农业公园。对千年枣林区域的黄河、枣林、红枣等元素进行深刻诠释，提升景区生态形象、丰富景区文化内涵，积极申报全球重要农业文化遗产和黄河故道农业公园。将冀鲁边抗日纪念馆、肖华抗日指挥部旧址、李先念题词纪念碑等红色文化元素融入景区旅游线路，创新发展以红色文化为主题的文创中心、露营基地等产业形态，形成具有红色教育意义的国家级党性教育基地和青少年红色研学旅行基地。

三 发展现状

乐陵因"乐毅攻齐，择陵而城"得名。乐陵文化的主要特征就是红色文化，红色文化一方面是指这座城市的历史文化熔铸了红色革命基因。抗日战争时期这里燃起了山东抗日的第一缕烽火，铸造了"南有沂蒙山，北有冀鲁边"的红色文化。当年肖华、宋哲元、牟宜之等抗日将领的英勇事迹，英雄母亲常大娘、冯毅和母亲姐姐一门三巾帼的事迹在乐陵市广为流传。红色文化同时还指融入乐陵农耕文化、生态文化、健康养生文化的红枣文化。乐陵金丝小枣栽培始于商周，兴于魏晋，盛于明清，距今已有3000多年的栽培历史。乐陵以盛产金丝小枣而蜚声中外，素有"百里枣乡"的美称。在公元前十一世纪的《诗经》"豳风篇"中，就有"八月剥枣"和"十月获稻"之载。目前乐陵有世界上种植面积最大、枣树数量最多、树龄最长的千年枣林，森林覆盖率在95%以上，负氧离子是平原地带的5倍，被称为"天然氧吧""养生乐土"。清代诗人吴泰庞在此写下"六月鲜荷连水碧，千家小枣射云红"的佳句。浑然天成的枣林风光，四季景致各有韵味：仲春，嫩叶初展，一派生机；初夏，涌绿滴翠，花香蜂绕；金秋，碧叶如玉，枣红如海；深冬，蔓枝盘曲，如龙群舞。近年来乐陵千年枣林景区成为国家4A级旅游景区、国家级森林公园、中国农业旅游示范点。千年枣林依然成为中外游客心驰神往的休闲圣地。

四 发展思路

（一）规划建设以红色文化为主题的文化旅游景区

将千年枣林生态旅游区、冀鲁边区革命纪念园、枣林书院、湿地公园等资源统筹起来进行规划设计，以统一的文化主题，差异化的文化项目支撑，具体丰富的产业形态，打造千年枣林红色文化旅游景区。将红色革命元素进行具体形象的展示，恰当植入枣林生态旅游景区。将相应文化旅游元素进行链接，形成以冀鲁边红色精神为灵魂，以农耕文化体验、红色文化研学、文化创新创意为内容的文化旅游产业形态，努力打造"南有沂蒙山，北有冀鲁边"的红色文化品牌。

（二）筹划申报联合国粮农组织全球重要农业文化遗产

全球重要农业文化遗产是一种更加注重人地和谐的复

合型遗产，其概念上等同于世界文化遗产。从 2005 年开始，联合国粮农组织开始在全球部分国家开始实行保护试点，目前中国拥有该项荣誉 18 项，德州市夏津县黄河故道古桑树群于 2018 被正式授予该项荣誉，属山东省唯一一项。做好该项工作就要从保护好千年枣林的生态环境，健全枣林生态修复成长功能开始，本着高保护、轻干预的原则，采取科学的态度、科技的手段，实现农业生产、生态环境、文化旅游的和谐统一，达到人类长期的生产、生活与大自然所达成的一种和谐与平衡。

（三）融入多元文化元素培育文化旅游产业快速健康发展

依托乐陵市公共文化资源和非物质文化遗产资源，积极推进文化艺术、文创产品进枣林，让"金丝枣酒""火枣""枣乡农民画""战鼓秧歌"等非遗项目产业化、品牌化发展，让枣林村庄成为具有枣乡浓郁风情的民俗文化聚落。选择有条件有特色的农家村落聚集有能力有情怀的文化创客，创作发展以枣文化为主题的小剧小戏，研发生产具有地方特色的文化旅游创意产品。组织出台相关政策措施，鼓励新毕业大学生回乡创业，为枣林文化旅游产业发展储备后备人才，为发展现代文化旅游产业积蓄力量。

第八节 齐河黄河国际生态城

一 形象定位

齐河黄河国际生态城的形象定位为："黄河之旅、生态之城"。深入挖掘黄河从源头到入海的文化元素，创新发展以黄河为主题的文化旅游项目。依托良好的生态环境，发展以康养、娱乐、体验、研学为主题的文化旅游业态，打造黄河流域生态保护和高质量发展的典范。

二　发展目标

齐河黄河国际生态城的总体发展目标是：打造成黄河文化传承示范区、黄河流域生态保护和高质量发展示范区、国家级旅游度假区。黄河文化传承示范区是将黄河流域文化风情、非遗文化等进行全景式、系列化的项目呈现，以及对黄河发展历程中发生的可歌可泣的先贤、英模进行可视化展示，为黄河生态城的成长和发展注入文化灵魂。同时充分释放区位交通优势，发展有带动力、示范性、流量大的文化旅游项目，不断拉动文化旅游消费，打造文化旅游高地。

三　发展现状

齐河黄河生态城位于黄河下游北岸、齐河县城区南部。齐河县是德州市唯一的沿黄县，黄河河道由东阿县李营村险工进入齐河县潘庄险工后，流经南坛险工段、大王庙险工段以及八里庄控导护滩工程进入济南河段。1971年，国家为了巩固德州黄河防洪防凌工作，将齐河县南坛险工至济南界区域规划为黄河北展区，总面积106平方公里，位于这个区段内著名的豆腐窝、李家岸分流闸，就是为了分流泄洪而建，伴随黄河小浪底工程的建成，2008年7月，国务院明确提出将北展宽工程中分凌分洪这一任务取消，且正式批复了全面解禁德州市齐河的黄河北展区，从而开启了占地63平方公里的齐河黄河生态城的规划建设。

由于区内大河、林海、湿地、温泉、沙湖等旅游资源极为丰富，整体规划建设成为集温泉康养、生态康养、医疗康养、文化康养、运动康养为一体的文旅康养基地。温泉康养方面，先后建成蓝海御华温泉酒店、碧桂园温泉酒店、欧乐堡温泉酒店等温泉主题酒店集群，提供温泉理疗、矿泉浴、中草药药疗等健康疗养特色服务，打响温泉养生品牌。生态康养方面，主要是依托黄河水乡国家湿地公园和安德湖小镇，以及德州黄河水利风景区为国家水利风景区，建设湿地养生旅游、森林养生旅游、滨水生态旅游基地，定期举办黄河湿地马拉松、环湖健步行等活动。医疗康养方面，主要依托医养健康、生命科学等产业优势，推动康体医疗和养老养生有机融合。建设国际康养文化基地，打造集医疗、康复、体检、颐养为一体的高端康养生活片区和产业聚集地。文化康养方面，主要是建设黄河文化博物馆群、中国驿美食小镇、黄河水街等具有齐河品牌特色的文化康养项目。运动康养方面，主要依托生态环境及马拉松赛道、自行车赛道等场地设施，积极承办了国际马拉松、自行车邀请赛、中国攀岩联赛等体育赛事，建成一批具有较高影响力康养运动品牌。

规划投资建设的70亿元的德州市保利医养健康小镇项目是重要的颐养健康项目。为了汇聚优质医疗养老资源，这个项目包括了三甲医院、健康研发产业园、CCRC社区等诸多内容，力争打造为京津冀鲁地区具有示范带动效应项目，成为中国的生态型养生养老福地和医养健康产业发展新高地。黄河水乡湿地公园总规划面积有3万亩，其中1万亩作为提升改造保护区，2万亩作为原生态保育区。1万亩的提升改造保护区拥有优越的资源禀赋条件，多岛、多水、多田，水网交织、树岛连绵、碧树繁花，自然景观迷人，因此提升改造保护区的主要功能是生态保护和科普宣教。2万亩的原生态保育区具备丰富的黄河水资源，因此该区域具有维持黄河滩涂区生态原貌的功能，目的是实现该区域增加水源、提升水质、维护区域生物多样性等。黄河水乡湿地公园有着丰富的生物资源，包含水杉、银杏、榆树、槐树在内的200多种乔灌木及地被，还有野生鸟类、动物、鱼类等100多种。

围绕做好生态城区域的公共服务工作，目前德州市正在建设完善"快旅慢游""内畅外联"旅游大交通体系，先后完成65公里的路网建设，齐河黄河大桥、京台高速生态城出口建成通车，旅游标识系统、慢行系统、旅游厕所、停车场等配套设施不断完善，公共服务体系日益完善。在生活保障方面，碧桂园温泉酒店、蓝海御华温泉酒店、安德湖酒店、欧乐堡骑士酒店等高品质酒店先后投用，初步形成了较大接待能力的酒店集群。据了解，齐河县委县政府出台《关于支持齐河黄河国际生态城做大做强做好的实施意见》等一系列政策，将举全县之力将黄河国际生态城打造成为以文化为引领、旅游为主体、康养为支撑的"文旅康养+"发展格局，进一步拉长温泉康养、生态康养、医疗康养、体育康养、文化康养全产业链，实现文化旅游产业的快速健康发展。

四　发展思路

(一) 挖掘梳理黄河文化内涵凸显黄河文化主题

一个功能区域的发展成功与否以及影响力的大小，不只是取决于投资和建设规模的大小以及运营的成功与否，更重要的是取决于其主题的鲜明程度、内容的支撑程度、业态的关联程度以及发展的可持续程度。齐河黄河国际生态城的主题从字面上来看，最重要的核心文化要义就在于黄河，黄河便是生态城的文化标签。如何做好黄河文化概念的文章，让黄河的概念和文化成为生态城的灵魂，统领黄河生态城的建设和发展至关重要。根据德州文化资源禀赋可以做好以下几点。一是开展黄河文化研究，建设国际黄河文化发展研究中心。黄河文化在中国传统文化研究中占有重要地位，对于黄河流域生态保护和高质量发展具有非常重要的意义。以习近平生态文明思想为指导，通过开展高水平学术论坛、学术研讨会等研究活动，汇集国内外著名学者参与，广泛深入研究黄河文化内涵与生态功能区建设的关系，论证黄河生态城业态支撑及后续发展的可行性，顶层设计黄河文化建设在产业形态和运营发展中的逻辑关系，提炼形成指导黄河生态城建设发展的黄河生态文明理论。探索实践黄河生态文明理论在生态城建设中的作用与影响，在实践中不断丰富和完善，逐步打造成齐河黄河国际生态城黄河文化研究、传播、现代化应用中心。二是实施黄河文化基因工程，打造黄河自然生态微缩景观。在基因工程建设上主要是将黄河的文化生态特征进行真实记录、展示和科普，对黄河文化进行直观有效的传承和发展。具体方法上采取微景观、微生态的形式建设黄河生态博物馆，采集黄河从源头到在山东入海全程有代表性不同区段动植物生态样本，包括沿黄岸畔植物及河道本体内的鱼类等生物，按照沿黄各地不同的生态特征，建成具有一定差异化的系列生态景观，让黄河生态博物馆成为黄河文化活的写照。三是实施黄河文化展示工程，塑造黄河历史人文标识。主要是建设黄河治理纪念馆，对于在中华历史上为治黄做出突出贡献的历史人物及其事迹进行展示。如为治水三过家门而不入的大禹，中国有史以来第一位有方略治河的西汉名臣贾让，第一位对黄河进行大规模治理的东汉水利专家王景，北宋治黄能人政治家王安石，元朝著名水利专家贾鲁等。将他们治理黄河的理念、方略、事迹，以及为沿黄人民做出的突出贡献进行充分展示。同时延伸展示西门豹治理漳河，李冰治理岷江，公叔敖治理淮河，以及马臻治理鉴湖、郭守敬、陈瑄治理运河的不朽事迹，谱写中国治水英雄谱系。纪念馆的建设核心是大禹文化纪念馆，纪念馆规划建设大禹祠、大禹雕塑、大禹行宫、大禹文化馆等建筑群。大禹文化广场核心处为大禹雕像，适宜开展大禹祭祀、研学旅行等活动，打造能够追记先贤、释放情怀、赋能发展的载体。总之通过建设黄河治理纪念馆，进一步塑造具有广泛认同的黄河文化标识，打造黄河国际生态城的文化主题形象。

（二）建设园区智慧管理平台集聚文化产业发展

一是发展以创新创业为主体的众创空间，建设以创意集市为主体的免费服务平台，创新平台3.0经营管理模式，集聚以山东省黄河流域非物质文化遗产开发、文化科技融合发展、新型文化业态培育为核心的发展中心。发展中心按照开放式、全要素、低成本原则，集聚以德州黑陶、红绿彩、剪纸、柳编、鲁丝绣、金丝贴等传统工艺为主体，以潍坊的木版年画、济宁的石雕、枣庄的鲁南花鼓、泰安的桃木雕刻等为补充的山东非遗产品，融入现代科学技术和黄河文化元素，发展具有黄河风情山东气度的山东手造系列产品。二是强化动漫游戏研发、文化创意设计、民俗文化产品、艺术衍生品创新力度，与国际国内大的网络发展公司合作，开发大型智慧社区网络管理平台，吸引更多文化产业新业态入驻园区，构建完善的文化产业生态体系，打造多种文化产业业态融合共生局面，形成黄河生态城文化产业小微企业孵化发展中心。三是开展山东黄河文化博览会展活动。充分发挥齐河毗邻省会济南、交通四通八达的区位优势，依托黄河国际生态城建成区文化旅游资源，积极融入黄河流域生态保护和高质量发展国家战略，与国际国内知名文化中介机构、文化会展机构企业开展合作，进一步策划创意大型黄河文化博览会展活动。联合中国沿黄九省市、京杭大运河沿线城市、长江沿线城市成立中国大江大河文化产业联盟，举办大江大河城市文化艺术节事活动。主要依托黄河博物馆群聚焦黄河古玩书画艺术、黄河民俗风物，以及黄河、长江、运河非遗手造产品，开展大规模展览、展示、展销活动。倡导大江大河城市开展有关治水文化题材的文艺创作活动，开展城市间文化艺术创作交流互鉴活动。

（三）发展黄河文化研学旅行活动释放园区发展动能

一是梳理园区文化脉络编制研学旅行推广体验手册。主要文化脉络及其策划可以分为以下几种，以泉城海洋极地世界、泉城欧乐堡梦幻世界等主题公园为主体的娱乐体验脉络，利用全球最顶尖的技术实时创设文化场景，实现高品质现代娱乐体验感受。以齐河黄河博物馆群、欧乐堡动物王国等项目为主体的文化体验脉络，深度开发研学游、亲子游等多业态产品，建成国家级科普教育基地和全国中小学生研学实践教育基地。以中国驿——泉城中华饮食文化小镇为主体的美食体验脉络，融汇大江大河流域美食，还原美食的制作、品味场景。以温泉、酒店为主体的康养旅居文化体验脉络，荟萃齐州国际大酒店、铂海五星级酒店综合体、齐河阿尔卡迪亚国际温泉酒店、孔雀王蓝海御华温泉酒店、碧桂园温泉酒店等产品业态特色、服务配套设施，编制齐河旅居体验攻略，形成高品质旅游度假产品体系。二是开展研学旅行进校园、进机关、进企事业单位普及活动。结合非遗文化传承、黄河文化普及等活动内容，开展广大青少年及社会各界的研学旅行普及活动。普及活动立足编制的研学旅行推广体验手册，推出具有行业群体针对性的研学旅行套餐计划，推动全社会研学旅行活动的开展，拉动园区文化旅游产业的发展。研学旅行活动策划要依托党委政府中心工作，融入工作业务培训、岗位技能比赛、倡树文明旅游新风等工作元素，将黄河生态城打造成寓教于乐、寓工作于研学旅行的良好载体。三是建设夜间文化消费集聚区，拉动园区文化旅游消费。从拉动文化旅游消费出发，以建设文化旅游夜间消费集聚区为主导，融汇娱乐产业、康养产业、美食产业等产业融合的发展资源形式，建立特色寻异、功能互补、市场共享、设施通用、服务一体的复合式、超大型文化旅游综合体，打造文化旅游夜间消费集聚区。集聚区着力构建"博物馆群+主题公园+演艺+度假"等功能集聚的省会城市群度假休闲区，申报国家级夜间文旅消费集聚区，争创国家级旅游度假区。

第七节　宁津德百杂技蟋蟀谷

一　形象定位

宁津德百杂技蟋蟀谷的形象定位为："蟀领中华、技绝天下"。以欢乐谷为主要载体，集聚蟋蟀传统文化、杂技演艺文化元素，彰显景区勇于挑战、刚柔并济的文化精神，塑造景区德艺双修的文化形象。

二　发展目标

宁津德百杂技蟋蟀谷的总体发展目标是：打造成鲁冀地区文化旅游高地、山东特色小镇、国家4A级旅游景区。依托宁津蟋蟀、杂技优势资源条件，创新发展民俗文化旅游体验项目、杂技演艺情景剧项目，融入宁津特色元素，打造具有宁津地方特色、山东文化视野、中国文化情怀的旅游小镇，建设鲁西北、冀东南文化旅游目的地。

三　发展现状

杂技蟋蟀欢乐谷位于宁津县，这里位处鲁西北平原的冀鲁交界处，环境生态优美、交通便捷，距离德滨高速宁津出口1500米，于2021年春节正式开门纳客。景区总建筑面积331966平方米，由山东德百集团投资35亿元建设而成，是一个集观光、娱乐、研学、美食等多位一体的综合性的旅游景区。景区主要包括杂技文化中心、蟋蟀文化中心、欢乐童世界、民俗文化中心、特色旅游小镇、田园综合体六大板块，具有教育培训、人才输出、杂技演艺等多项功能。杂技蟋蟀欢乐谷以杂技演艺、蟋蟀民俗文化为主题，致力于打造"国家级特色文化旅游小镇"。小镇以非遗文化为魂，杂技蟋蟀文化为根，在风貌建设上以古风古韵筑形，打造一步一景，十步一画的网红打卡胜地，集亲子游乐、文化博览、非遗文化、演艺康养、特色商业、美食休闲等于一体，能够满足不同人群的度假旅游新体验。景区发展策略上采取了"文化体验+旅游服务+田园综合体"的产业模式，集观杂技、赏促织、品美食、归田园于一体，成为覆盖北京、天津、济南、石家庄、青岛等大中城市人们休闲娱乐的文旅乐园。

杂技演艺是欢乐谷重要的支撑项目，在宁津县具有深厚的文化底蕴。宁津县是中国杂技的策源地、发祥地，保店镇黄家镇村是全国古时杂技行业唯一的会演交流地，是中国杂技艺术的奠基地。据考证，宁津杂技早在汉代就有记载，明清时期极为兴盛。宁津县是历代杂技活动最为广泛，且人才辈出的地方，在国内外杂技界颇负盛名，是著名的中国杂技之乡。宁津杂技是具有高度技巧性、技能性于一身的重在肢体语言表现的表演艺术，具有"惊、险、奇、美、新"的特点，质朴粗犷、柔中有刚。主要包括表演类、魔术类、马戏类、驯兽类等。近年来宁津一带的杂技艺人走出国门，向世界传播了中国杂技，为中国成为杂技强国做出了贡献。同时杂技艺人取人之长，吸收了国外优秀的杂技艺术，从而也发展壮大了自己，使宁津的杂技艺术更加完美、鲜活，充满生机。2008年"宁津杂技"入选国家级非物质文化遗产代表性项目名录。

宁津杂技在宁津县及周边县市有着广泛的群众基础，

全国许多景区的杂技演员多数来自宁津县。宁津县杂技艺术学校就在杂技蟋蟀谷内，是国家级非遗宁津杂技的保护传承单位，全日制办学常年招收杂技学员，每年输出数百名杂技演员，因此景区发展杂技演艺有着非常大的优势。景区有专业杂技院团常年驻演，杂技剧目不断创新。杂技演艺代表性剧目为"大刀传奇"大型实景杂技剧，该剧以宁津作家郭澄清"大刀记"为题材，用杂技的肢体语言和现代声光电的舞台艺术，生动展现了冀鲁边区人民家国情怀、抗战救国的民族精神。近些年宁津县努力唱响"全球杂技看中国，中国杂技在宁津"的口号，这对于欢乐谷景区的发展是一个巨大的推动。

蟋蟀文化是欢乐谷景区的文化主题之一，蟋蟀文化已经融入建筑风貌、业态支撑等多个方面。历史上宁津蟋蟀远近闻名，是历代帝王斗蟋的贡品。据了解，宁津县的气候、水质、土壤适宜蟋蟀生长繁殖，这里的蟋蟀体魄魁伟、牙齿尖利、斗性厉害。宁津的蟋蟀多产于柴胡店镇、保店镇、宁津镇、杜集镇，陈庄村、南孙西村一带所产的"斗蟋"最出名，曾在国际国内多个大赛中夺帅，受到北京、天津、上海等各大城市蟋蟀爱好者的青睐。每逢蟋蟀盛产期间，宁津县的市民百姓及爱好者集聚在一起，每人少则三四十罐、多则六七十罐。他们按照品类等级一溜拉摆开来进行销售，越来越多地吸引了许多的外地爱好者。购买蟋蟀的爱好者，一般用蟋蟀草拨斗蟋蟀，观察其反应进行挑选购买。宁津县每年在蟋蟀盛产时节举办蟋蟀文化节，蟋蟀文化节一般在每年的立秋之后举办。期间，最受推崇的活动就是"斗蟋蟀"大赛。每逢大赛，许许多多的爱好者蜂拥而至，随着斗蟀的节奏吆喝着、呼叫着，一派热闹景象。目前宁津县在蟋蟀欢乐谷建有专业的比赛和销售场所，配备了专门的服务机构和人员，建设了蟋蟀文化馆，进一步放大了蟋蟀的文化和经济价值。

杂技蟋蟀欢乐谷景区的一大亮点就是建有中国木雕艺术博物馆。博物馆以名贵红木为载体，以传统木雕为主要手段，有牌匾、屏风、神龛、书柜、花厅、中堂、隔断、门楼、廊道、桌床等。从木雕的内容上堪称家风家训教育基地，主要集聚了我国历史上著名人物、名门望族、发奋之士的家风、家训、励志故事。主要内容涵盖"孝悌忠信""静以修身""为人处世""读书乐歌""蕴义怀仁""簪诗世家""椿萱荣茂""圣谕广训"等育德树人的各个领域和层面。具代表性的有"曾国藩家训厅堂""程颐《程子四箴》家训厅堂""朱熹家训匾"以及左宗棠"庸德可风"牌匾等。其中镇馆之宝"琪花玉树"中堂全长 20 米、高 7 米。中堂正中上方有八个大字"绕庭琪花，照眼玉树"。下方刻有西周时期官方为了选拔官吏所制定"六德与六行"（六德是指知、仁、圣、义、中、和，六行是指孝、友、睦、姻、任、恤）标准。

四　发展思路

（一）加大杂技艺术研究开发，创作国际水准品牌剧目

充分开发利用宁津杂技资源优势，为景区杂技艺术高品质发展积蓄力量。宁津县是远近闻名的中国杂技之乡，杂技历史源远流长，杂技艺人遍布全国各地，建有宁津杂技艺术学校，发展杂技艺术具有良好的群众基础。依托宁津县杂技学校和杂技蟋蟀谷教师演职员力量，在全县乃至

全市开展杂技艺术进校园主题活动。活动旨在普及杂技文化艺术、发现杂技人才、发展杂技人才队伍，为大力弘扬中华杂技文化储备后续力量。广泛发展社会杂技培训中心，形成一批培训、演艺为一体的杂技教育演出基地，营造浓郁的杂技艺术发展氛围。注重体验性与参与性形式的多样性杂技演艺活动，从宁津杂技的历史渊源、亮点节目、情景等方面进行杂技演艺的编排，以街景杂耍、杂技舞台等方面对《大刀传奇》内容进行丰富。加大杂技演艺的作品创作和技术研究开发，打造具有国际水准的杂技演艺品牌剧目。

（二）优化提升景区功能格局，发展研学旅居产业

依托宁津地方文化资源、自然资源、生态农业等资源，进一步集聚民俗文化资源要素，发展具有地方大众文艺艺术形式的文化演艺，打造中国北方民俗文化展示体验和演艺中心。策划举行民俗演艺嘉年华，不断丰富景区文化演艺的内容和形式，让景区成为鲁西北、冀东南区域文化演艺中心。景区建设完善研学旅行基本设施，开发编制家风家训研学教材，配备研学旅行导师，发展研学旅行产业。景区内外广泛发展旅游民宿建设区域旅游民宿集聚区，为广大游客提供便利、经济和舒适的生活条件，将景区打造成为集文化体验、旅游服务、研学旅居为一体的高端旅游综合体。

（三）研究开发文创旅游产品，放大景区文化旅游价值

目前国内许多景区没有自己的文化旅游产品，究其原因就是开发成本高、经济效益低。而这其中最根本的原因是没有开发生产出具有识别度高、美观度高、性价比高的

产品，刚刚投放市场就被众多廉价的旅游商品淹没了。杂技蟋蟀欢乐谷具有天然的高识别度，无论杂技还是蟋蟀都具有鲜明的外观和个性，研究开发有关杂技、蟋蟀的文创产品具有非常大的成功概率。因此可以组织地域文化专家、文创专家及社会相关人士进行论证研讨，推出具有视觉冲击力、鲜明时代感、经济实用性的文创旅游产品。一方面随着产品的销售传播景区的文化，提高景区的影响力。另一方面拉动景区文化旅游消费，放大景区文化和经济的双重价值，实现旅游景区的经济社会双重效益。

第十章　大运河德州段文化旅游发展组织保障

　　大运河文化旅游发展是赋予沿运河城市的历史使命。运河文化旅游的发展涉及经济社会文化金融消费等领域的各个方面，其中既有项目规划实施层面的要素集聚问题，又有加强组织领导、人才队伍建设、打造文化品牌、拉动文旅消费等运营管理问题，加大工作力度、强化组织保障是确保大运河文化旅游高质量发展的关键所在。

第一节　推行城市、企业、产品文化品牌战略

一　推行城市文化品牌战略

　　制定出台《德州市文化旅游产业品牌发展规划》以及相应的培育政策和措施。成立德州市文化产业品牌创建推广工作领导小组，以文化旅游部门为主体积极推动党政、知识、企业、新闻、社会"五方联动"。积极谋划和推进"儒风水韵，大德之州"主题的研究和推广，系统构建涵盖德州市各行业领域的子品牌，加快文化休闲娱乐、艺术品制造与交易、数字媒体、文化体育、设计服务等产业以及德州老字号产品（如德州黑陶、德州扒鸡等）、文艺院团的

品牌化发展，覆盖更多目标市场，形成层次分明、各有侧重、内容丰富的文化品牌体系[1][2]。

二 推进企业、产品品牌创建发展

支持文旅企业实施品牌战略，推进企业、产品品牌创建。推动企业整合资源积极创新，促进产品品牌打造，推动企业、产品品牌向国家级、世界级品牌迈进。大力推进商标培育申报工作，创建一批知名商标、著名商标、驰名商标。加强品牌传播载体建设，策划相关传播活动，提高企业品牌知名度、美誉度。支持工艺美术大师创立个人品牌或工作室品牌，促进大师工作室与知名品牌营销公司、公关经纪公司开展合作。加大对知名大师、大师代表作品的宣传力度，通过支持举办大师个人作品展、大师作品联展、组织知名大师访谈、参与文化旅游品鉴节目等多种方式，协助大师提升个人品牌和行业影响力。探索通过大师智力入股、提高政治待遇、延长大师退休年龄、大师返聘、大师带队组织精品开发等多种方式增进大师与企业的合作深度，实现大师个人品牌与企业品牌的良性互动。

三 普及文化品牌标识系统

建立区域文化品牌是树立形象、推动发展的重要举措。建立和普及大运河德州段文化品牌标识系统，建成大运河德州段品牌IP体系，对于提高大运河德州段在全国运河城市中的识别度、推动德州大运河文化旅游发展具有非常重要的意义。

---

[1] 王静：《城市营销理论视角下淮安运河文化品牌提升研究》，《求实》2014年第1期。

[2] 李新春、何轩、陈文婷：《战略创业与家族企业创业精神的传承——基于百年老字号李锦记的案例研究》，《管理世界》2008年第10期。

以"儒风水韵,大德之州"为主题,凸显"德""水"文化元素,创立大运河德州段文化旅游发展的形象标识体系。设计文化品牌平面标识,申请商标注册,争创驰名商标。党政机关、企事业单位在日常办公、公务活动、对外交流中带头使用德州市文化品牌标识,在市容市貌中广泛体现文化品牌标识,在重要参观节点、旅游景点等区域赠送或售卖纪念品、宣传品等。鼓励合法使用文化品牌标志,在德州形成具有较高认知度的文化识别体系[①]。

第二节 培育引导正确健康文化旅游消费理念

一 实施文化旅游消费激励计划

制定实施文化旅游消费三年行动计划。借助文化旅游惠民消费季,放大文化旅游惠民主题活动,延展文化旅游消费链条,刺激文化旅游消费增长。持续办好德州市旅游发展大会,推动大运河旅游发展大会实施。整合提升德州黑陶文化艺术节、德州民俗文化节、中国德州微电影艺术节、德州艺术博览会、德州文化产业博览交易会的创办水准,加强开展创意产品展销会、动漫游戏嘉年华、工艺美术品展览会等专项活动。鼓励各类文化企业开展文化消费进社区、进校园、进农村等活动。支持文化企事业单位和社会组织开展文艺表演、创意设计等活动。积极搭建网络消费文化旅游平台,鼓励文化企业开展以电子商务、直播

---

① 刘红梅、杨万春:《产业集聚:区域次级中心城市升级的支撑点——以德州市为例》,《行政管理改革》2018 年第 8 期。

带货为主要形式的营销活动[①]。

二 培育引导文化消费理念

积极开展文化旅游消费论坛、沙龙等活动,加大文化旅游消费正面宣传引导,引领文化旅游消费时尚。以青少年、老年人和农民工团体为主,推动文化艺术普及教育,培育健康的文化消费心理和习惯。通过各种媒体网络,教育引导居民文化消费观念,从零消费、单一消费拓展到多元消费[②]。完善公共文化服务体系,建立面向终端消费者的文化消费补贴机制,提高全民文化旅游活动参与率。通过普及德州地域文化、推介德州文化产品引导广大消费者对德州文旅产品消费。在中小学开展地域文化普及活动,培育中小学生对德州黑陶、京剧以及剧院内高雅演艺、高水平文体赛事的兴趣[③]。

第三节 探索建立金融支持文化旅游发展机制

一 探索成立德州文化旅游发展投资基金

探索成立由德州市国有公司发起,吸引优秀的企业资本进入,总规模达50亿元人民币的文化旅游发展基金。由国有公司运营管理基金,进行股权投资,重点投资大运河文化旅游项目园区平台、优秀企业。充分发挥文化旅游产

[①] 魏鹏举:《中国文化产业高质量发展的战略使命与产业内涵》,《深圳大学学报》(人文社会科学版) 2020年第5期。

[②] 左迪、孔翔、文英姿:《文化消费空间消费者感知与认同的影响因素——以南京市先锋书店为例》,《城市问题》2019年第1期。

[③] 欧翠珍:《文化消费研究述评》,《经济学家》2010年第3期。

业投资引导基金的孵化引导作用，重点资助人才培养、产业研究、小微项目等方面，为文化旅游企业提供贷款过桥资金帮助。

二 鼓励金融产品与服务创新

根据文化旅游企业的贷款需求，推动德州本土金融机构开发设计个性化、专业化、灵活多样的信贷产品。依托重点文化产业园区预期现金流，与德州银行合作发行文化园区和文化消费专属理财产品。探索文化园区资产证券化运营模式，探索应收账款质押、仓单质押、商标权、质押等多种权利质押贷款方式，逐步扩大收益权质押贷款的适用范围[1]。由德州市政府通过注资设立、参股或者委托运作等方式成立一些专业性强的政策性文化类担保企业，提供专业化服务。在文化旅游产业集聚区域推广集中担保模式，对区内的中小企业实施集中授信和统一担保[2]。

三 搭建文化产品交易平台

融通德州书画、古玩艺术品等领域对外交流贸易渠道。加强与北京产权交易所、北京国际版权交易中心、山东省文化产权交易中心、青岛国际版权交易中心、泰山文化艺术品交易所等机构的合作，鼓励德州市本土书画、古玩艺术品在省内重点文交所挂牌上市。建立集文化产权交易、投融资服务、项目信息交流、人才培训于一体的综合服务平台，整合登记、展示、推介、交易、经纪等各类服务，

---

[1] 鲍新中、陈柏彤、徐鲲：《中国情境下的知识产权证券化：政策背景、国际比较及模式探究》，《中国科技论坛》2021年第11期。

[2] 刘占歌、王宪东、于海洋等：《混合现实技术在博物馆视觉导览系统的应用研究——以德州市博物馆为例》，《科技资讯》2022年第9期。

构建综合性的文化产权要素市场[1]。通过高效的电子交易系统，开展面向文化企业产权交易活动，尤其是推动文化企业国有产权规范流转，提高文化产权交易效率。

四　加强金融政策支持

由政府机构牵头，联合金融机构，开发适合大运河文化旅游产业发展的金融产品。针对有发展前景的文旅企业特别是中小微企业，灵活运用融资工具，增大企业授信额度。对文旅企业流动资金贷款，按年度实际支付利息和担保费用给予一定融资费用补贴[2]。政府性融资担保机构要在可持续经营的前提下，适时调降担保费率。出台创业补贴金融政策，鼓励新设文旅创业。创新金融产品和服务，加大乡村创业企业金融支持。放宽小微文化旅游企业创业担保贷款申请条件，组织相关部门积极推动建立信用乡村、信用园区、创业孵化示范载体推荐免担保机制[3]。

第四节　培育建设文化旅游发展人才支撑体系

一　加快本土文化人才的培养与挖掘

立足德州优势文化旅游产业基础，以及未来文化旅游发展趋势，加大专业人才特别是运营人才的培养。加强与山东大学、山东师范大学、德州学院以及其他专业类院校

---

[1] 李义杰、郑海江：《文化企业融资现状、问题及对策研究——基于宁波文化企业的调查》，《中国出版》2016年第13期。

[2] 夏蜀：《数字生态平台下的文旅金融服务体系构建》，《云南社会科学》2021年第4期。

[3] 邱冰：《本期聚焦：大运河历史文化资源认知与保护》，《现代城市研究》2021年第7期。

的合作，定向培养以文化旅游产业经营管理、文化资本运营和文化科技创新（微电影、动漫游戏）等方面的人才。完善文化旅游产业职业技能培训，支持山东文化艺术职业学院、河北吴桥杂技艺术学校、德州职业技术学院、德州高级师范学校等职业院校与文化旅游企业共同建设人才培养、项目策划等基地。对文艺活动、民间文化、基层文化机构中出现的创意创新人才，纳入市级文化旅游产业人才数据库。推动文化产业人才供求服务体系向信息化、网络化发展，提供更为便捷、准确的人才信息服务，为政府决策、企业引才、人才择业提供参考[①]。

二 建设文化旅游创意产业智库

立足德州文化旅游产业长足发展，组织成立德州市文化创意产业研究中心，建立常设研究机构和专家顾问委员会，作为德州文化旅游发展领域的官方智库。研究中心旨在加强国内、国际学术交流与合作，把握当前文化旅游发展面临的新形势、新挑战、新机遇及人才培养的内在规律性，积极探索文化旅游发展中"政、产、学、研"对接的新路径和新方式[②]。以官方智库为引领，大力扶持民间智库发展，鼓励各县（市、区）、园区、高等院校、科研院所成立各具特色的文化旅游发展研究机构，为德州文化旅游发展提供智力支持和决策参考。

[①] 范建华、秦会朵：《"十四五"我国文化产业高质量发展的战略定位与路径选择》，《云南师范大学学报》（哲学社会科学版）2021年第5期。

[②] 范周、高飞：《中国特色新型高校文化产业智库"走出去"路径浅析》，《人文天下》2018年第3期。

第五节　健全大运河文化旅游产业发展运营体系

一　加强组织领导建立健全工作机制体制

目前德州市针对大运河文化旅游发展工作，已经成立了由市主要领导同志挂帅的作战指挥部。但就项目建设以及今后相当一段时期的运营来说，应该把大运河文化旅游发展工作纳入德州经济社会高质量发展的重要议事日程中，要充分调动发改、文旅、财政、交通运输、自然资源和规划、农业农村等职能部门，广泛发动企业资本机构力量，建立完善大运河文化旅游发展组织机构和推进机制，形成"党政领导牵头、部门齐抓共管、社会广泛参与"的运河文旅发展新格局。

二　明确市场运营主体健全运营体系

进一步明确运河文化旅游发展工作主体。统筹德州大运河文化旅游产业资源，以国有企业为运营主体，建立健全大运河文化旅游产业发展运营体系。以产业发展的市场需求为导向，指导大运河产业项目的发展。以项目发展的市场价值，决定项目建设的形态、体量和投资。加强产业项目的运营管理。实行现代企业管理制度，实行产权、经营权分离，为产业运营释放足够的空间。把握数字化发展趋势，提升产业项目的品牌影响力，加强运河 IP 开发和转化，将线上线下有机结合，让运河真正活起来。要做好"德州运河文旅"品牌的营销，提升"德州运河文旅"的竞争力、影响力。要进一步统筹好大运河文化旅游与德州大运河沿线区域经济社会发展的关系，探索大运河文化旅游高质量发展的新路径[1][2]。

第六节 出台支持大运河文化旅游发展政策措施

一 健全支持大运河文化旅游发展政策措施

可以学习借鉴国际做法，出台支持大运河文化旅游产业发展政策措施，建立大运河文化旅游发展基金，充分利用金融杠杆的撬动作用，建立相应的金融投资平台，撬动企业资本投资大运河文化旅游建设。出台大运河文化旅游发展奖励办法，积极拓展投融资渠道，鼓励社会力量支持大运河文化旅游建设。支持开展大运河文化旅游发展大会、大运河文化创意产品博览交易会、大运河古玩艺术品峰会等大型文化旅游活动[3]。

二 实施积极财政扶持政策

进一步优化财政投入政策。加大政府对德州大运河文化旅游重点产业项目、运河文化产业园区、运河旅游小镇和共性技术创新平台的财政支持力度，扩大财政基础研究支出，支持一大批具有前瞻性的文化行业共性技术、关键

---

[1] 张瑛、史凯静、刘建峰：《基于网络游记的大运河文化遗产游客感知研究》，《地域研究与开发》2020年第4期。

[2] 李凤亮、古珍晶：《"双碳"视野下中国文化产业高质量发展的机遇、路径与价值》，《上海师范大学学报》（哲学社会科学版）2021年第6期。

[3] 傅才武、申念衢：《当代中国文化政策研究中的十大前沿问题》，《华中师范大学学报》（人文社会科学版）2019年第1期。

技术的开发与推广，建立文化企业自主创新平台，实现知识与信息共享，促进德州文化旅游产业领域的科技成果产业化；创新财政资金支持方式，对文化旅游产业的技术创新活动给予重点支持；设立德州市文化产业发展各项基金，通过政府专项基金补贴、资助和奖励等形式，引导文化旅游产业领域的科研机构、行业协会、龙头企业等增加技术投入，助推德州文化旅游产业技术创新发展[①]。

三 加强土地供给保障

土地是项目落地的空间载体，要推动大运河德州段文化旅游发展，必须从土地供给方面予以保障。因此要制定文化旅游用地基准地价体系，实施德州大运河文化旅游建设用地优先保证和优惠政策。充分促进运河沿岸村庄农民利用民宅发展民宿餐饮，鼓励村庄街道盘活利用空闲农房、宅基地和其他农村集体建设用地，按照村庄规划要求和用地标准，改造建设民俗民宿、休闲养老、创意办公、乡村旅游等活动场所[②]。优先保障文化旅游产业项目用地。在德州市总体规划和土地利用总体规划的指导下，按照土地节约集约利用原则编制德州市文化旅游用地布局专项规划。鼓励建设用地指标向文化旅游产业倾斜。研究产业用地租赁、共享等多种流转方式，最大限度降低用地成本，提升用地效率[③]。

---

① 李凤亮、宗祖盼：《中国文化产业发展：趋势与对策》，《同济大学学报》（社会科学版）2015年第1期。
② 郭珍：《绩效引导的农村闲置宅基地治理模式选择》，《郑州大学学报》（哲学社会科学版）2021年第5期。
③ 张飞、杨林生、何勋等：《大运河遗产河道游憩利用适宜性评价》，《地理科学》2020年第7期。